Spanish Short Stories For Beginners

56 Entertaining Short Stories To Refresh Your Spanish

By

Felipe Moya & Leslie Pérez

Photographs from the personal archive of Leslie Pérez appear in the following readings: 5, 8, 13, 24, 29, 30, 34, 37 (eye), 39, 41, 46, and 47.

Table of Contents

Conclusion.................................... 266

Disclaimer 267

Introduction

How many Spanish learners would like to have in their hands a simple tool that helps them learn and practice from the basics?

If the new material is too complicated or if it is introduced in a complicated form, the learner will simply get frustrated. On the other hand, if the readings are very simple, the learner may get bored and lose interest.

As a beginner you may be seeking a book of your level but at the same time interesting, useful and fun.

The dialogues, stories, and readings we bring to you are short and simple but at the same time interesting.

These readings are intended to help students gain resources for meaningful communication. Many of them have a moral or embody values. Grammar and vocabulary are placed in natural conversations and normal communicative situations and settings.

The students are expected to develop reading and comprehension skills gradually as they move forward in the book.

All the evaluations are designed not only to check the reading comprehension and learning but also to have fun while doing them.

If you are learning or teaching Spanish, books are a basic complement to give you a hand.

Usually the reading books are intended to entertain but in this case it is also adapted for the reader to learn and strengthen the language. Besides, you can improve the four basic skills —reading, writing, speaking and listening— because the audiobook is available.

This could be recommended as a reading book to practice reading and comprehension for beginners of any age including children taking Spanish as a second language in school.

You will certainly find this material appealing and useful for the task of teaching or learning to communicate in Spanish. If I were you I wouldn't miss it! ☺

The Learning Unit

The learning unit consists of:

- one short story/dialogue/reading
- some relevant/new vocabulary and phrases
- test of reading and comprehension
- answers to the test
- translation of the short story/dialogue/reading into English

This short story, dialogue, or reading is short, simple, practical and interesting. The topics are also practical, attractive, useful, and varied. Many themes are addressed through natural conversations, normal situations and everyday settings.

The new and relevant vocabulary is bolded in the text and listed at the bottom of each reading with its meaning in English.

The types of questions are very varied and easy to

understand and the instructions to do the tests are easy to follow. The grammatical structures and words used in the tests are the same as in the readings to emphasise them and to get the students to get familiar with them. In addition, the students won't need a teacher to check for their answers. They are included, so that the students can compare them with his/hers after having done the test.

The answers to all the exercises are given together with a translation of the reading into English to facilitate comprehension for the most beginners of the beginners☺.

How To Read Effectively

Yes, reading is one thing and reading effectively in terms of learning is a different one. Using what you read to significantly improve your comprehension and communication skills is the goal.

The following lines will provide you with tips for getting the most out of this book but you will surely personalize your learning according to your own skills, potential, and motivation.

- ✓ Titles, vocabulary lists and pictures can give you an idea of what you'll encounter in the stories or dialogues.
- ✓ Read the whole story/dialogue from beginning to end.
- ✓ Use the vocabulary list to check the meaning of a bolded word or phrase you're not familiar with.
- ✓ Reread the story to get familiar with the words and phrases in context.
- ✓ Read at your own pace and always consider going back to revise and study the content of the

story or dialogue in depth as many times as you want.

You will probably see verbs which meaning you already know but conjugated in an unfamiliar form. Don't panic☺. Focus on how the verb is presented in that particular sentence and context. You will increasingly become familiar with the word endings – suffixes– of the different conjugations for singular persons and plural persons in Spanish. In case of bolded, verbs the vocabulary list also provides you with the basic verb form in parenthesis to help you out☺.

If an unknown word is causing confusion, use your background knowledge or creative thinking to make predictions. If it's not enough save yourself a headache and use your dictionary to get the word definition or translation. It's valid.

You may learn new vocabulary words that you are

going to come across again in a further story or dialogue.

Notice that there are many words similar in spelling and meaning to its pair in English. Take this as a point in favor in terms of learning and achievements.

Reading and comprehension tests will help you monitor and supervise your own comprehension. Some answers come with a complementary explanation to make them even clearer.

On the other hand try to include the words you learn in your every day practice. Associate the new knowledge (word, phrase, verb conjugation, etc.) to your previous knowledge, perhaps through a phrase or personal experience that can help you incorporate the new material more easily.

Highlighting, writing notes with personal

interpretation or examples, and using the dictionary at some point of the reading will help you have relevant knowledge handy so that you can go back to them to revise and apply them.

The Reading Process

The reading process is as complex as it is personal. Everyone has his/her own way to read and incorporate information and knowledge because there are as many ways to learn as students.

Tips and suggestions to get the best out of your reading have been covered in the previous chapter.

Settling down your mind, so that pending nagging tasks do not interfere with your concentration, will allow you to take advantage of the reading.

Create nice conditions to read (for example a quiet room) free of elements that may distract you from the goal of reading is also relevant.

Skimming applies more to reading magazines, newspapers or websites, and to reading for pleasure or searching certain information, but when it comes to reading for learning purposes, skimming is not recommended.

Jotting down notes in a notebook or the book margins may help you retain or emphasize relevant information or key ideas.

Topics of personal interest may motivate you to investigate and expand your vocabulary and gain knowledge in context, especially if you are not a voracious reader.

Consider group reading sessions to clarify doubts or reaffirm knowledge. Maybe you know someone who knows a little bit more than you to discuss and confirm the new information.

We hope you can use these readings to add value and meaning to your communication.

Good luck and enjoy your reading process and achievements!

Dialogues/Short Stories For Daily And Common Themes

On the following pages you will continue improving your Spanish and enriching your knowledge.

Through pleasant, simple, interesting and varied readings and dialogues you will be discovering new words, everyday phrases, common expressions, useful grammar structures, interesting general knowledge, curiosities and much more.

Learning and fun are guaranteed.

Let's start, then!

1. La Piedra Y La Escultura

Una piedra grande y **tosca** le preguntó a una bonita **escultura**:

-        ¿Qué debo hacer para ser como tú?

La escultura le respondió:

-        Primero debes ser fuerte y **soportar** muchos

golpes. Segundo, **pase lo que pase**, nunca te **quiebres**.

Vocabulario:

tosca: crude, rough

escultura: sculpture

soportar: endure, stand, bear

golpes: blows

pase lo que pase: whatever happens

te quiebres (quebrarse): break

Comprensión De La Lectura.

Selecciona una sola respuesta para completar la

oración:

1)   La piedra era:

a.   pequeña

b.   tosca

c.   una escultura

2)   La escultura era:

a.   bonita

b.   gigante

c.   tosca

3)   La piedra preguntó:

a.   ¿eres bonita?

b.   ¿eres mi amiga?

c.   ¿qué debo hacer para ser como tú?

d.   ¿qué debes hacer para ser como yo?

4)   La escultura le dijo:

a.   come bastante

b.   te enseñaré

c.   sé fuerte

d.   sé pequeña

5)   Una enseñanza de esta lectura sería:

a.   debes ser lindo

b.   debes ser tosco

c.   debes ser una piedra

d.   debes ser fuerte

The Stone And The Sculpture

A large rough stone asked a pretty sculpture:

- What do I have to do to be like you?

The sculpture replied:

- First you must be strong and endure many blows.

Second, whatever happens, never break.

2. Diálogo Entre Roberto Y Rosa

Roberto: ¿Dónde trabajas?

Rosa: Trabajo en la nueva pizzería.

Roberto: ¿**Conoces** al señor Esteban?

Rosa: No, no lo conozco.

Roberto: Es un buen **amigo mío**. ¿A quién conoces ahí?

Rosa: Solamente a Carolina.

Roberto: Ah, ella es la **gerente**.

Rosa: Disculpa, ¿qué significa gerente?

Roberto: Es la persona que dirige el **negocio**.

Rosa: Gracias, es que estoy aprendiendo español.

Vocabulario:

conoces (conocer): know

amigo mío: friend of mine

gerente: manager

negocio (local): business

verdadero: true

falso: false

Comprensión De La Lectura.

Escribe V de **Verdadero** o F de **Falso** para cada oración:

1) Rosa trabaja en un supermercado. _____

2) Rosa trabaja en una pizzería. _____

3) Roberto conoce al señor Esteban. _____

4) Rosa no conoce al señor Esteban. _____

5) Rosa conoce a Carolina. _____

6) Carolina es la secretaria. _____

Dialogue Between Roberto And Rosa

Roberto: Where do you work?

Rosa: I work in the new pizzeria.

Roberto: Do you know Mr. Esteban?

Rosa: No, I don't.

Roberto: He is a good friend of mine. Whom do you know there?

Rosa: I only know Caroline.

Roberto: Ah, she is the manager.

Rosa: Excuse me, ¿what does manager mean?

Roberto: Is the person who manages the business.

Rosa: Thank you, I'm learning Spanish.

3. Antonio, El Pianista

Antonio es un pianista extraordinario. Comenzó a **tocar** hace muchos años cuando sus abuelos le **regalaron** un piano para su cumpleaños. Hoy en día **gana** dinero extra dando **clases** de piano a un grupo **considerable** de jóvenes.

Vocabulario:

tocar: play

regalaron (regalar): gave, gift

gana (ganar dinero): earns

clases: lessons

considerable: considerable

Comprensión De La Lectura.

Escribe una respuesta corta para cada pregunta:

1) ¿Qué instrumento toca Antonio? _______________

2) ¿Quiénes se lo regalaron?_______________

3) ¿Cuándo comenzó a tocar? _______________

4) ¿A quiénes les da clases? _______________

5) ¿Gana dinero con sus clases? _______________

Antonio, The Pianist

Antonio is an extraordinary piano player. He began playing many years ago when his grandparents gave him a piano for his birthday. Nowadays he earns extra money by giving piano lessons to a considerable group of young people.

4. Diálogo Entre Clara Y Ramón

Clara: ¿Dónde está Andrea?

Ramón: Está en casa. Está **enferma**.

Clara: ¿Sabes dónde vive? ¿Puedo ir a verla?

Ramón: Vive en la **urbanización** "La Loma", calle **Sur**, casa 104.

Clara: ¿Puedo ir esta tarde?

Ramón: Está bien. **Le avisaré**.

Vocabulario:

enferma: sick, ill

urbanización: residential area

sur: south

puedo (poder): could, can

le avisaré (avisar): I'll tell her, I'll let her know

traza (trazar): draw

Comprensión De La Lectura.

Traza una línea entre la columna de la derecha (pregunta) y la columna de la izquierda (respuesta) correcta).

1) ¿Dónde vive Andrea?   En casa

2) ¿Dónde está Andrea?   Enferma

3) ¿Cómo está Andrea?   En "La Loma"

4) ¿Qué preguntó Clara?   ¿Puedo ir esta tarde?

5) ¿Qué respondió Ramón?   Está bien

Dialogue Between Clara And Ramón

Clara: Where is Andrea?

Ramón: At home. She is sick.

Clara: Do you know where she lives? Could I go to see her?

Ramón: She lives at the residential area "La Loma", Sur Street, house 104.

Clara: Can I go this afternoon?

Ramón: That's fine. I'll let her know.

5. Diego, El Pastelero

Mi nombre es Diego Pérez. Vivo con mi familia en Margarita, Venezuela. Vivimos en una casa cerca de la playa. Tengo un hermano **menor**. Mi hermano y yo estamos en la **escuela primaria**. Mi papá es **pastelero**. Hace las mejores tortas. Yo quiero ser pastelero **como** mi papá.

Vocabulario:

menor: younger

escuela primaria: elementary school

pastelero: baker

como: like

Comprensión De La Lectura.

Selecciona una sola respuesta para cada pregunta:

1)	¿Cómo se llama el niño?

a.	Pastelero

b.	Margarita

c.	Diego

2)	¿Con quién vive el niño?

a.	Con su familia

b.	Con una familia

c.	Solo con su papá

3)	¿Dónde viven?

a.	En Margarita

b.	En la playa

c.	En la escuela primaria

4)	¿Cuántos hermanos tiene?

a.   Una hermana menor

b.   Un hermano menor

c.   Dos hermanos menores

5)   ¿Qué quiere ser el niño cuando sea grande?

a.   Pastelero

b.   Vivir en Margarita

c.   Estudiar en la escuela primaria

Diego, The Baker

My name is Diego Pérez. I live with my family in Margarita, Venezuela. We live in a house near the beach. I have one younger brother. My brother and I are in elementary school. My father is a baker. He makes the best cakes. I want to be a baker like my dad.

6. Orden Y Limpieza

Papá: ¿**De quién** es esta media?

Armando: Es de Sofi. Yo vi la otra arriba de su cama. ¿Has visto mi chaqueta, papá?

Papá: ¿Cuál de tantas?

Armando: La que me puse ayer para ir a la fiesta.

Papá: La dejaste en el sofá. **Aquí está**.

Armando: Gracias. **¿Quién** dejó los zapatos en la sala?

Papá: Fui yo. Creo que es un buen momento para **ordenar** nuestros cuartos, chicos.

Armando: **Tienes razón**.

Vocabulario:

de quién: whose

aquí está: here it is

quién: who

ordenar: tidy up

tienes razón: you're right

Comprensión De La Lectura.

Traza una línea entre la columna de la derecha (pregunta) y la columna de la izquierda (respuesta correcta).

1) ¿De quién es la media?	De Armando
2) ¿De quién es la chaqueta?	En el sofá
3) ¿De quién son los zapatos?	De papá
4) ¿Dónde estaba la chaqueta?	De Sofi
5) ¿Dónde estaban los zapatos?	En la sala

Order And Cleanliness

Dad: Whose sock is this?

Armando: That's Sofi's. I saw the other one on her bed. Have you seen my jacket, dad?

Dad: Which of many?

Armando: The one I was wearing yesterday when I went to the party.

Dad: You left it on the couch. Here it is.

Armando: Thank you. Who left the shoes in the living room?

Dad: I did (It was I). I think it's a good time to tidy up our rooms, guys.

Armando: You're right.

7. Concierto En La Plaza

Kathy: ¿Estuviste el **fin de semana** en casa?

Sora: No **estuve**. Salimos.

Kathy: ¿A dónde fuiste el domingo?

Sora: **Fui** a un **concierto** en la **Plaza** Sadel.

Kathy: ¿Estuvo bien?

Sora: Si, ¡**me divertí mucho**!

Kathy: ¿Cómo estuvo la música?

Sora: ¡Espectacular!

Vocabulario:

fin de semana: weekend

estuve (estar): was

fui: went

concierto: concert

plaza: square

me divertí mucho: I had a lot of fun

Comprensión De La Lectura.

Escribe una respuesta corta para cada pregunta:

1) ¿Estuvo Sora en casa el fin de semana? _____________

2) ¿A dónde fue Sora el domingo? _____________

3) ¿Dónde fue el concierto? _____________

4) ¿Le gustó el concierto? _____________

5) ¿Cómo estuvo la música? _____________

Concert At The Square

Kathy: Were you home at the weekend?

Sora: No, I wasn't. We went out.

Kathy: Where did you go on Sunday?

Sora: I went to a concert in Sadel Square.

Kathy: Was it good?

Sora: Yes, I had a lot of fun!

Kathy: How was the music?

Sora: Great!

8. El Cumple De Claudia

Claudia **cumplirá** 30 el 15 de julio. Ella ha hecho los arreglos para que Gilana **se encargue** del almuerzo: hamburguesas con carne de res o pollo y todos los **acompañantes**. ¡Además habrá la torta de chocolate favorita de Claudia! Usaremos el **salón de fiestas** de nuestro edificio para la reunión. Te esperamos a la 1:00 p. m. Por favor, trae la bebida de tu **preferencia** y **algo de picar** para compartir.

Vocabulario:

cumplirá (cumplir años): will be, will turn

se encargue (encargarse de la comida): cater, take care of

acompañantes: fixings, companions

salón de fiestas: community room

preferencia: choice, preference

algo de picar: nibble, snacks

Comprensión De La Lectura.

Escribe una respuesta corta para cada pregunta:

1) ¿Cuándo es el cumpleaños de Claudia?

____

2) ¿Quién se encargará del almuerzo?

____

3) ¿Qué comida ofrecerán?

____

4) ¿En qué sitio se reunirán?

5) ¿Qué deben traer?

Claudia's Birthday

Claudia's 30th birthday will be on July 15th. She has arranged for Gilana to cater lunch: hamburgers, beef or chicken, with all the fixings. Besides we'll have Claudia's favorite chocolate cake! We'll be using the community room of our building for the party. Join us at 1:00 p. m. Please bring the beverage of your choice and a nibble to share.

9. Programa Favorito De Televisión

Laura: ¿Cuál es tu programa favorito, David?

David: Un programa de **concursos** súper divertido.

Laura: ¿A qué hora empieza?

David: A las 9 de la noche. Debería comenzar en 10 minutos.

Laura: ¿En qué **canal**, Antena 3 o canal 12?

David: Vamos a buscarlo en la **guía** de programas.

Laura: Ajá, aquí dice "Concurso Sensacional", en Antena 3, a las 9 p. m.

Vocabulario:

concurso: contest

canal: channel

guía: guide

Comprensión De La Lectura.

Escribe una respuesta corta para cada pregunta:

1) ¿Cuál es el programa de televisión favorito de David?

____

2) ¿Qué tipo de programa es?

____

3) ¿Cuándo empieza?

____

4) ¿En qué canal lo ponen?

____

5) ¿Quién consultó la guía de programas?

____

Favorite Tv Program

Laura: What's your favorite TV program, David?

David: A contest program. It's super fun.

Laura: What time does it start?

David: At 9 p. m. It should be on TV in 10 minutes.

Laura: On which channel, Antena 3 or channel 12?

David: Let's look it up in the TV Guide.

Laura: Uh-huh, here it says "Concurso Sensacional", on Antena 3, at 9 p. m.

10. Sara Y Luisa En La Panadería

Sara tomó el autobús y llegó a la panadería del centro comercial. **Abrieron** a las 8 en punto. Había mucha gente esperando el pan caliente. **Allí** también estaba Luisa. Ellas se tomaron un café **mientras** esperaban. Luisa también compró una torta. **Después** de comprar el pan, caminaron **un rato** por el centro comercial y **luego regresaron** a sus casas.

Vocabulario:

abrieron (abrir): opened

mientras: while

después: after

un rato: for a while

luego: then

regresaron (regresar, volver): returned, came back

Comprensión De La Lectura.

Traza una línea entre la columna de la derecha (pregunta) y la columna de la izquierda (respuesta) correcta).

1) ¿Cómo llegó Sara?	Pan caliente
2) ¿A dónde llegó?	En autobús
3) ¿A qué hora abrieron?	A la panadería
4) ¿Qué esperaba la gente?	Luisa
5) ¿Quién más estaba allí?	A las 8
6) ¿Qué tomaron las chicas mientras esperaban?	Luisa

7) ¿Quién compró una torta?   Café

8) ¿Qué hicieron luego de   Caminaron un
comprar pan?   Rato

Sara And Luisa At The Bakery

Sara took the bus and got to the bakery in the shopping center. They opened at 8 o'clock. There werc many people waiting for the hot bread. Luisa was also there. They had a coffee while waiting. Luisa also bought a cake. After buying the bread, they walked around the shopping center for a while and then returned to their homes.

11. En El Cafetín De La Universidad

José: Hola a todos. **¿Qué les pareció** la clase de Bioquímica?

Amanda: Súper interesante. Me encanta la bioquímica.

Daniel: ¡Yo no entendí **ni papa**!

José: Ja, ja, ja, ¡qué raro!

Amanda: Tranquilo, Dani, yo te presto los **apuntes** y te explico lo más importante.

Daniel: Gracias, amiga.

José: Bueno, ¿qué les parece si pedimos un café?

Amanda: Si, por favor, estoy **dormida**.

Daniel: ¿A qué hora es la próxima clase?

Amanda: En 40 minutos, tenemos **bastante** tiempo.

Daniel: **¿Qué tal si** al salir de clases pasamos un momento por la biblioteca? Tengo que sacar unos libros.

José: Buenísimo, yo tengo que **devolver** uno.

Vocabulario:

¿Qué les pareció...? : How did you like...?

(no entendí) ni papa: (I didn't understand) a word

apuntes: notes

dormida: half-asleep

bastante: plenty of, a lot of

¿Qué tal si...? : How about...?

devolver: return

Comprensión De La Lectura.

Responde las siguientes preguntas con el nombre de uno de los personajes: José, Amanda, o Daniel.

1) ¿A quién le encanta la bioquímica?

2) ¿Quién tiene que devolver un libro?

3) ¿Quién no entendió ni papa?

4) ¿Quién prestará sus apuntes?

5) ¿Quién tiene que sacar unos libros de la biblioteca?

In The College Cafeteria/Refectory

José: Hi, everybody. How did you like the Biochemistry class?

Amanda: Super interesting. I love Biochemistry.

Daniel: I didn't understand a word!

José: Ha, ha, ha, that's weird!

Amanda: Don't worry, Dani, I lend you my notes and explain you the most important.

Daniel: Thank you, friend.

José: So, how about having a coffee?

Amanda: Yes, please, I am half-asleep.

Daniel: What time is the next class?

Amanda: In 40 minutes, we have plenty of time.

Daniel: How about we pass by the library for a minute after class? I have to borrow some books.

José: Perfect, I have to return one.

12. Ana Viaja Para Nueva York

Ana va para Nueva York por **negocios**. Sale el lunes. Se va a **quedar** en casa de Jane. En la tarde va a comer en un restaurante, a una **cuadra** de la casa. Al día siguiente, ella va a **trotar** en el parque frente a la casa de su amiga. Luego **pasará** el resto del día en una **convención**. El miércoles en la mañana ella regresará a su ciudad. Su esposo va a **buscarla** al aeropuerto al mediodía.

Vocabulario:

negocios: business

quedarse: stay

cuadra: block

trotar: jog

pasará (pasar): will spend

convención: convention

buscarla (buscar a alguien, encontrarse con alguien): pick up, meet

Comprensión De La Lectura.

Selecciona la respuesta correcta:

1) Ana va para Nueva York:

a. a encontrarse con su esposo

b. a encontrarse con una amiga

c. por negocios

d. a comer en un restaurante

2) Ana se quedará:

a. en un hotel

b. en casa de una amiga

c. en su casa

d. en la convención

3) ¿Qué queda en frente de la casa de su amiga?

a. Un parque

b. Un restaurante

c. La convención

d. El aeropuerto

4) ¿Qué queda a una cuadra de la casa de su amiga?

a. Un parque

b. Un restaurante

c. El aeropuerto

d. Su casa

5) ¿Cuándo regresará Ana a su ciudad?

a. El lunes

b. El martes

c. El miércoles

d. El jueves

Ana Travels To New York

Ana is going to New York on business. She's going to leave on Monday. She's going to stay at Jane's house. In the evening she is going to eat at a restaurant, one block far from the house. The next day she is going to jog in the park in front of her friend's house. Then, she will spend the rest of the day at a convention. Wednesday morning she is going back to her city. Her husband is going to meet her at the airport at noon.

13. El Parque De Diversiones

Mamá: ¡Llegamos!

Andrea: Yo quiero **montarme** en la **montaña rusa** y los **carritos chocones**.

Camila: Y yo en el **carrusel** y la **rueda de la fortuna**.

Andrea: ¡Sí, qué divertido!

Mamá: Niñas, la **cola** para comprar los tickets es muy larga. Primero podemos comer un helado o un **algodón de azúcar** y luego vamos a las **atracciones**, ¿qué les parece?

Andrea: ¡Sí, un helado!

Camila: ¡Me encantaría!

Mamá: ¿Les gustaría acompañarme a la tienda de dulces? Es para llevarle caramelos al abuelo.

Camila: Mira, mami, está cerrada.

Mamá: **Qué lástima**, vamos a ver qué otra cosa le podemos llevar.

Andrea: Le podemos llevar un helado.

Mamá: Buena idea.

Vocabulario:

montarme (montarse en): go on (rides)

montaña rusa: roller coaster

carritos chocones: bumper cars

carrusel: merry-go-round

rueda de la fortuna: Ferris wheel

cola: line, queue

algodón de azúcar: cotton candy

atracciones: rides

qué lástima: what a shame

Comprensión De La Lectura.

Sustituye las palabras subrayadas en la oración por una palabra de la lista de vocabulario:

Ejemplo: Yo quiero <u>subirme</u> en el carrusel.

Respuesta: Yo quiero montarme en el carrusel.

1) Ella quiere un helado y yo un <u>dulce hecho de hilos de azúcar.</u>

2) A mí no me gusta la <u>atracción con trenes que suben y bajan con mucha velocidad.</u>

3) La <u>fila de gente que espera su turno para ser atendida</u> es muy larga.

4) A los niños les encantan los <u>carros eléctricos protegidos por una fuerte goma que les permite chocar entre ellos.</u>

5) Los parques de diversiones tienen muchas <u>instalaciones y aparatos para montarse y divertirse.</u>

The Amusement Park

Mom: We're here!

Andrea: I want to go on the roller coaster and the bumper cars.

Camila: And I want to go on the merry-go-round and the Ferris wheel.

Andrea: Yes, how fun!

Mom: Girls, the line to buy the tickets is very long. We can have an ice cream or a cotton candy first and then go to the rides, what do you think?

Andrea: Yes, an ice cream!

Camila: I would love to!

Mom: Would you like to go with me to the candy store? It's to buy candies for grandpa.

Camila: Look, Mom, is closed.

Mom: What a shame, let's see what else we can take.

Andrea: We can take him an ice cream.

Mamá: Good idea.

14. Rory Es Políglota

Rory habla 4 **idiomas**: inglés, francés, italiano y español. **Nació** en Irlanda y estudió en Francia. Luego se fue a trabajar a Italia. Hace 6 años lo **cambiaron** a Venezuela donde **aprendió** el español. En Septiembre regresará a Irlanda. Él va a ser el guía para un grupo de **turistas** de España.

Vocabulario:

políglota: multilingual

idiomas: languages

nació (nacer): was born

cambiaron (cambiar de lugar): was moved

aprendió (aprender): learned

turistas: tourists

Comprensión De La Lectura.

Selecciona la respuesta correcta:

1) Rory es:

a. inglés

b. francés

c. italiano

d. español

2) ¿Dónde estudió Rory?

a. En Irlanda

b. En Venezuela

c. En Francia

d. En Italia

3) ¿Dónde trabajó primero?

a. En Venezuela

b. En Italia

c. En Francia

d. En España

4) ¿En qué país aprendió español?

a. En Irlanda

b. En Francia

c.   En España

d.   En Venezuela

5)   ¿Dé donde son los turistas?

a.   De Irlanda

b.   De Venezuela

c.   De España

d.   De Francia

Rory Is Multilingual

Rory speaks four languages: English, French, Italian and Spanish. He was born in Ireland and studied in France. Then he went to work in Italy. Six years ago he was moved to Venezuela where he learned Spanish. In September he will come back to Ireland. He is going to be the guide for a group of tourists from Spain.

15. ¿Tendrán…?

Vendedor: Hola, ¿en qué le puedo ayudar?

Carla: Gracias, ¿tendrán estas vitaminas para niños?

Vendedor: No. Acabamos de vender las **últimas**.

Carla: Oh, bueno… ¿tendrán aspirinas?

Vendedor: Tampoco. Nos llegan la próxima semana.

Carla: ¿Y **lágrimas artificiales**?

Vendedor: No. No hemos tenido ninguna en stock por semanas. Lo siento mucho. ¿Ya preguntó en nuestra otra **farmacia**?

Carla. No. ¿Dónde queda?

Vendedor: No muy lejos. A seis cuadras de aquí.

Carla: ¿Sería posible llamarlos para **chequear** primero si tienen alguna de las medicinas?

Vendedor: No hay problema.

(El vendedor llama a la otra farmacia)

Vendedor: Tienen las gotas y las vitaminas.

Carla: Iré para allá entonces. Muchas gracias.

Vendedor: A la orden.

Vocabulario:

últimas: last

lágrimas artificiales: artificial tears

farmacia: pharmacy, chemist

chequear: check

Comprensión De La Lectura.

Escribe V de Verdadero o F de Falso para cada oración.

1) El vendedor acaba de vender las últimas vitaminas. ______

2) Las lágrimas artificiales llegan la próxima semana. ______

3) Hay otra farmacia cerca. ______

4) En la otra farmacia tienen aspirinas. ______

5) En la otra farmacia tienen las gotas. ______

Do You Have…?

Clerk: Hello, how can I help you?

Carla: Thank you; do you have these vitamins for children?

Clerk: No. We have just sold the last one.

Carla: Oh, well … do you have aspirin?

Clerk: No. They'll get here next week.

Carla: And artificial tears?

Clerk: No. We have not had any in stock for weeks. I'm very sorry. Have you tried our other pharmacy?

Carla. No, where is it?

Clerk: Not too far. Six blocks from here.

Carla: Would it be possible to call them to check first if they have any of the medicines?

Clerk: No problem.

(The clerk telephones the other pharmacy)

Clerk: They have the eye drops and the vitamins.

Carla: I'll go there then. Thank you very much.

16. Un Poco De Ayuda

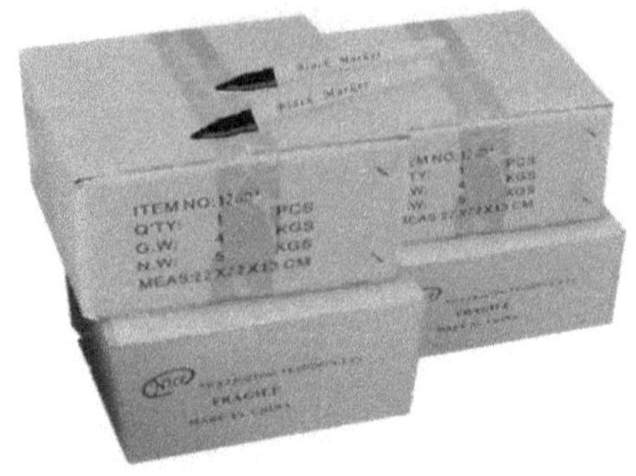

Laura: ¿Álvaro, me puedes ayudar un minuto, por favor?

Miguel: Seguro, **¿en qué puedo ayudarte**?

Laura: Necesito **rodar** este mueble para aquel **rincón** pero es muy pesado para mi sola.

Miguel: Yo creo que mejor lo **desocupamos**. ¿Qué opinas?

Laura: Me parece bien.

Miguel: Necesitamos unas **cajas** grandes. ¿Busco algunas?

Laura: Si, por favor. Y tráete un marcador grueso.

Miguel: Está bien. ¿Dónde los tienes?

Laura: Mira en la gaveta de la mesa de la sala. Allí podría haber.

Vocabulario:

¿en qué puedo ayudarte?: what can I do for you?

rodar (mover): move

rincón: corner

desocupamos (desocupar): empty

cajas: boxes

Comprensión De La Lectura.

Escribe V de Verdadero o F de Falso para cada oración.

1) Miguel pidió ayuda a Laura. ______

2) El mueble era pesado. ______

3) Desocuparon el mueble primero. ______

4) Miguel buscó cajas pequeñas. ______

5) Las cajas estaban en la gaveta de la mesa de la sala.

A Bit Of Help

Laura: Alvaro, can you help me for a minute, please?

Miguel: Sure, what can I do for you?

Laura: I need to move this piece of furniture to that corner but it's very heavy for me.

Miguel: I think we better empty it. What do you think?

Laura: That's fine.

Miguel: We need some big boxes. Shall I look for some?

Laura: Yes, please. And bring a thick marker.

Miguel: Fine. Where are they?

Laura: Look in the drawer of the living room table. There might be some.

17. Julia Se Reúne Con Sus Amigos

Julia va a hacer una fiesta. Todos sus amigos van a estar ahí. Julia se pondrá un vestido verde nuevo. Sus amigos van a **escuchar** música, **bailar**, **hablar** y **compartir**. Ella no tiene muchas sillas, así que algunas personas se sentarán en el sofá, pero la **mayoría** de ellas se sentará en la **alfombra**. En el **patio trasero** la gente **podrá** sentarse en la **grama**. La mejor amiga de Julia, Sara, la ayudará con la comida y las bebidas. Todos van a **pasar un buen rato**.

Vocabulario:

se reúne (reunirse con): gets together with, meets up with

escuchar: listen to

bailar: dance

hablar: talk

compartir: share

mayoría: most of

alfombra: carpet

patio trasero: backyard

podrá (poder): will be able to

grama: grass

pasar un buen rato: have a good time

Comprensión De La Lectura.

Escribe respuestas cortas para las siguientes preguntas:

1. ¿Quiénes estarán en la fiesta de Julia?

____

2. ¿Qué se pondrá Julia?

____

3. ¿Qué harán las personas en la fiesta?

____

4. ¿Dónde se sentarán algunas personas?

____

5. ¿Dónde se sentará la mayoría de las personas?

6. ¿Dónde hay grama?

7. ¿Quién es la mejor amiga de Julia?

8. ¿Qué hará ella?

Respuestas:

1) todos sus amigos, 2) un vestido verde nuevo, 3) van a escuchar música, bailar, hablar y compartir. (If you like challenges, go for the future tense: escucharán música, bailarán, hablarán y compartirán), 4) en el sofá, 5) en la alfombra, 6) en el patio trasero, 7) Sara, 8) Ayudará con la comida y las bebidas.

Julia Gets Together With Her Friends

Julia is going to have a party. All of her friends are going to be there. Julia will be wearing a new green dress. Her friends are going to listen to music, dance, talk and share. She does not have many chairs, so some people will be sitting on the couch but most of them will be sitting on the carpet. In the backyard people will be able to sit on the grass. Julia's best friend, Sara, will help her with the food and beverages. Everybody will have a good time.

18. "Visita De Médico"

Paty: Hola, Esteban. ¿Cómo **sigue** tu abuelito?

Esteban: Hola, Paty, está mucho mejor. **Le dieron de alta** con un tratamiento por 15 días.

Paty: Qué bueno. Me alegro mucho. Cuando **salga del trabajo**, paso por tu casa un **ratito** para llevarle unas frutas y darle un **abrazo**.

Esteban: Te agradezco y aprecio mucho el gesto. Que tengas un bonito día. **De todas formas**, me llamas y me confirmas tu visita para tener un buen té con galletas para ofrecerte y compartir.

Paty: Seguro, Esteban. Feliz día para ti también. Te llamo.

Vocabulario:

sigue (seguir de salud): is doing now

le dieron de alta (dar de alta): he was discharged

salga (salir) del trabajo: get off work

ratito: little while

abrazo: hug

de todas formas: anyway

Comprensión De La Lectura.

Escribe V de Verdadero o F de Falso para cada oración.

1) El abuelito de Esteban murió. _____

2) El abuelito de Esteban está mejor. _____

3) Paty irá a visitarlo al salir del trabajo. _____

4) Paty llamará primero para confirmar. _____

5) Esteban tendrá frutas para compartir con Paty. _____

6) Esteban tendrá un té para compartir con Paty.

Respuestas:

1) f, 2) v, 3) v, 4) v, 5) f, 6) v.

"Doctor's Visit"
(a short visit)

Paty: Hi, Esteban. How's your grandpa doing now?

Esteban: Hi, Paty, he's a lot better. He was discharged with a treatment for 15 days.

Paty: Great. I'm happy for that. When I get off work, I pass by your house a little while to bring him some fruits and give him a hug.

Esteban: I appreciate it; it's very thoughtful of you. Have a nice day. Anyway, call me and confirm your visit to have a good tea with cookies to offer you and share.

Paty: Sure, Esteban. Have a nice day, too. I call you.

19. ¡Apúrense Que Vamos A Llegar Tarde Al Cine!

Mirna: ¿Empezó la película?

Vigilante: Apenas acaba de empezar.

Mirna: Qué bueno. Aquí están las **entradas**.

Vigilante: Me está dando cinco entradas y solo hay cuatro de ustedes. ¿Dónde está la otra persona?

Mirna: Somos cuatro y pagamos solo cuatro entradas. La señora de la **taquilla** probablemente **se equivocó**. Le devolveré la otra entrada. Chicos, **por fa**, esperen un minuto. (Mirna se dirige a la taquilla)

Vigilante: Gracias. Aquí apreciamos la **honestidad**.

Carlos: Nosotros también. Y, ¿en qué **sala** están **dando** la película?

Vigilante: En la sala 2, la segunda a su derecha.

Carlos: Gracias.

Vigilante: Muy bien, **¡adelante** y disfruten la película y las **cotufas**!

Vocabulario:

apúrense (apurarse): hurry up

entradas: tickets

taquilla: ticket window

se equivocó (equivocarse): made a mistake

por fa (informal: por favor): please

honestidad: honesty

sala: theater

dando (dar, pasar una película): playing, showing

adelante: go ahead

cotufas: popcorn

Comprensión De La Lectura.

Selecciona la oración verdadera:

1) a. La película acaba de empezar.

   b. La película no ha empezado.

   c. La película empezó hace media hora.

   d. La película se acabó.

2)   a. Hay 5 entradas y 2 personas.

      b. Hay 5 entradas y 4 personas (sobra 1 entrada).

      c. Hay 4 entradas y 5 personas (falta 1 entrada).

      d. Hay una entrada de regalo para el vigilante.

3)   a. El vigilante se equivocó.

      b. Mirna se equivocó.

      c. La señora de la taquilla se equivocó.

      d. Todos los chicos se equivocaron.

4)   a. Todos aprecian la honestidad.

      b. Nadie aprecia la honestidad.

      c. Solo el vigilante aprecia la honestidad.

      d. Solo los chicos aprecian la honestidad.

5)   a. Están dando la película en la sala 1.

      b. La sala 2 es la primera sala a la derecha.

      c. Están dando la película en la sala 2.

      d. Están regalando las cotufas.

Hurry Up; We're Going To Be Late For The Movies!

Mirna: Did the movie start?

Doorperson: It has just begun.

Mirna: Great. Here are the tickets.

Doorperson: You are giving me five tickets, and there are only four of you. Where is the other person?

Mirna: We are four and we paid only for four tickets. The lady at the ticket window probably made a mistake. I'll give the extra ticket back to her. Please guys, wait a minute. (Mirna heads to the ticket window)

Doorperson: Thank you. Here we appreciate honesty.

Carlos: So do we. And, in which theater is the movie playing?

Doorperson: It's in Theater 2, the second on your right.

Carlos: Thank you.

Doorperson: All right, go ahead and enjoy the film and the popcorn!

20. En El Centro Comercial

Alejandra: Buenos días, Nelly, ¿cómo estás? **Qué gusto** me da verte por el centro comercial y sin la obligación de los niños. ¿Cómo están ellos?

Nelly: Bien, los dejé en casa para poder hacer las compras de uniformes y **útiles** escolares del próximo **período escolar**.

Alejandra: Qué bueno. Te recomiendo una tienda que se llama Sefora boutique, ellos venden muy barato y en este momento están en **ofertas**.

Nelly: Gracias por la **recomendación**, Ale. Ahora mismo me acerco por allá para **aprovechar** las ofertas, saludos a tu esposo y recuérdale que nos vemos la próxima semana para almorzar juntos.

Alejandra: **Seguro**, Nelly, muchas gracias y besos a los niños, ¡nos vemos!

Vocabulario:

qué gusto: it's so nice

útiles escolares: school supplies

período escolar: school year

ofertas: sales

recomendación: tip, suggestion, advice

aprovechar (una cosa): take advantage of

seguro, claro: sure thing

Comprensión De La Lectura.

Selecciona la respuesta correcta:

1) Alejandra y Nelly se encontraron en:

a. casa de Nelly

b. Sefora boutique

c. el centro comercial

2) Nelly dejó a los niños:

a. en el colegio

b. en casa

c. en Sefora boutique

3) Nelly necesita comprar:

a. útiles y uniformes escolares

b. el almuerzo de la próxima semana

c. muchas ofertas

4) ¿Cuál fue la recomendación de Alejandra?

a. Ir a una tienda llamada Sefora

b. Comprar lo más barato

c. Almorzar juntas

5) ¿Qué harán Nelly y Alejandra la próxima semana?

a. Almorzar juntas con sus familias

b. Ir de compras

c. Aprovechar las ofertas de Sefora

At The Mall

Alejandra: Good morning, Nelly, how are you? It's so nice to see you at the mall and taking a break from the children's routine. How are they doing?

Nelly: Good, I left them at home, so I could buy the school uniforms and supplies for the next school year.

Alejandra: Nice. You should check Sefora boutique, their prices are usually good and they have sales.

Nelly: Thanks for the tip, Ale. I'll head there now, to take advantage of the sales. Say hi to your husband and remind him that we are meeting next week for lunch.

Alejandra: Sure thing, thank you, Nelly. Kiss the kids for me. See you!

21. Ada Y Berta

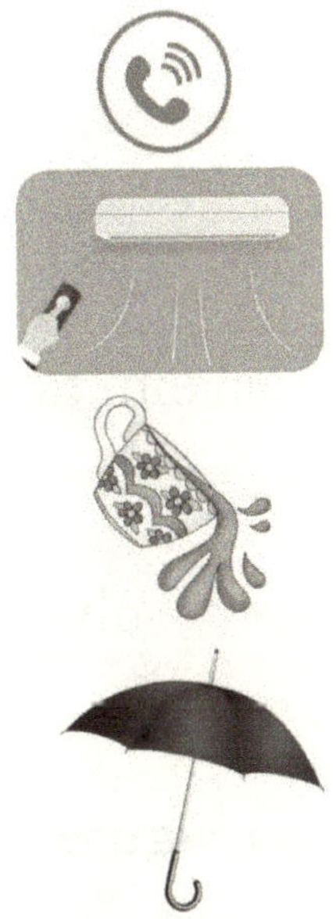

Ada: ¿Vienes conmigo al súper? Voy a hacer las **compras** para la cena.

Berta: Sí, voy. Tengo mucha hambre.

Ada: El teléfono está **sonando**.

Berta: Yo **atiendo**.

Ada: ¿Quién era?

Berta: Un **número equivocado**.

Ada: Hace calor aquí

Berta: Es cierto. Voy a **prender** el aire acondicionado.

Ada: ¡Oh, se me **botó** un poco de café en la franela!

Berta: Espera un minuto. Voy por un **paño húmedo**.

Ada: Gracias.

Berta: ¿A qué hora vamos a regresar?

Ada: **Cerca** de las 6. **Por cierto**, ¿cuánto tiempo vas a quedarte en la ciudad?

Berta: Estaré aquí por un mes. Después volveré a casa. **Mira**, va a llover.

Ada: No te preocupes, llevaremos **paraguas**.

Vocabulario:

compras: shopping

sonando (sonar): ringing

atiendo (atender el teléfono): get the phone

número equivocado: wrong number

prender: turn on

botó (botar, derramar): spilled

paño húmedo: wet/damp cloth

cerca: around

por cierto: by the way

mira (mirar): look

paraguas: unbrellas

Comprensión De La Lectura.

Escribe a quién o a quiénes (Ada, Berta, o ambas) corresponden las siguientes acciones:

1) Ir al supermercado:

2) Atender el teléfono:

3) Prender el aire acondicionado:

4) Derramar café sobre su franela:

5) Traer un paño húmedo:

6) Quedarse en la ciudad por un mes:

7) Llevar paraguas:

Ada And Berta

Ada: Will you come with me to the supermarket? I will do the shopping for dinner.

Berta: Yes, I will. I'm really hungry.

Ada: The phone is ringing.

Berta: I'll get it.

Ada: Who was it?

Berta: Wrong number.

Ada: It's hot in here.

Berta: I agree. I will turn on the air conditioning.

Ada: Oh, I spilled some coffee on my shirt!

Berta: Just a minute. I will get a damp cloth.

Ada: Thank you.

Berta: What time are we coming back?

Ada: Around 6. By the way, how long are you staying in the city?

Berta: I will be here for one month. Afterwards I will come back home. Look, it's going to rain.

Ada: Don't worry, We'll take umbrellas.

22. De Compras Para Una Comida Especial

Olga y Karina se encuentran una mañana en el supermercado.

Olga: Hola, Karina, ¡buenos días!

Karina: Hola, chica, ¡qué gusto verte!

Olga: Igualmente. Hoy viene mi hermano con su esposa y mi sobrina.

Karina: Qué bueno, debes estar muy contenta.

Olga: Si, quiero preparar una **comida especial**, un pavo **horneado** acompañado con verduras y legumbres en salsa de vino.

Karina: Estaría bien una **jarra** de jugo de frutas de la **temporada**.

Olga: Me gusta la idea. También pensé en comprar unas manzanas.

Karina: Mira estas, ¡qué bonitas se ven!

Olga: Si, voy a llevarlas para el postre, una rica tarta de manzanas.

Karina: Espero que todo te **quede** muy rico.

Olga: Gracias, ya te contaré.

Vocabulario:

comida especial: special meal

horneado: baked

jarra: pitcher, jug

temporada: season

quede (quedar bien, mal, rico): comes out

Comprensión De La Lectura.

Escribe respuestas cortas para las siguientes preguntas:

1. ¿Dónde se encuentran las amigas?

____

2. ¿Quiénes vienen hoy?

____

3. ¿Qué quiere cocinar Olga?

____

4. ¿Qué idea le da Karina?

____

5. ¿Cuál será el postre?

____

Shopping For A Special Meal

Olga and Karina meet one morning at the supermarket.

Olga: Hi, Karina, good morning!

Karina: Hello, girl, how nice to see you!

Olga: Likewise. Today my brother is coming with his wife and my niece.

Karina: Great, you must be very happy.

Olga: Yes, I want to prepare a special meal, a baked turkey with vegetables and legumes in wine sauce.

Karina: A pitcher of fruit juice of the season would be fine.

Olga: I like the idea. I also thought of buying some

apples.

Karina: Look at these, how gorgeous they look!

Olga: Yes, I'll take them for the dessert, a delicious apple pie.

Karina: I hope everything comes out good!

Olga: Thanks, I'll let you know.

23. Daniel Y Su Familia

Daniel Blanco es ingeniero. Trabaja en la industria **textil**. Vive con su familia en el número 315 de la avenida Montana. **Usualmente** se va en bicicleta para el trabajo. En la mañana sale de su casa **alrededor** de las siete y media. En la tarde **espera** a su padre en el **polideportivo** de la calle Comercio. A ellos les gusta jugar al tenis un rato **antes** de llegar a casa. La esposa de Daniel, Susy, trabaja en una **agencia de publicidad**. Le gusta la música y el arte. Usualmente comparten algunas actividades los fines de semana. El sábado comerán en un restaurante italiano y luego visitarán un **museo de arte**. El domingo se reunirán con algunos amigos en la Plaza Principal para disfrutar de un concierto.

Vocabulario:

textil: textile

usualmente: usually

alrededor: around

espera (esperar): wait

polideportivo: sports center

antes: before

agencia de publicidad: advertising agency

museo de arte: art museum

Comprensión De La Lectura.

Escribe respuestas cortas para las siguientes preguntas:

1. ¿Dónde trabaja Daniel?

____

2. ¿Dónde vive?

____

3. ¿A qué hora sale para su trabajo?

____

4. ¿Qué medio de transporte usa?

____

5. ¿Qué suele hacer al salir del trabajo?

____

6. ¿En qué trabaja su esposa Susy?

____

7. ¿Qué harán este sábado?

____

Daniel And His Family

Daniel Blanco is an engineer. He works in the textile industry. He lives with his family at 315 Montana Avenue. He usually bikes to work. In the morning he leaves home at about seven thirty. In the afternoon he waits for his father at the sports center on Comercio Street. They like to play tennis for a while before arriving home. Daniel's wife, Susy, works in an advertising agency. She likes music and art. They usually share some activities on weekends. On Saturday they are going to eat at an Italian restaurant and afterwards visit an art museum. On Sunday they

are going to meet some friends at the Main Square to
enjoy a concert.

24. En El Veterinario

La señora Julia lleva a su gata Duquesa al veterinario.

Doctora Pérez: Hola, Julia, cuéntame qué le pasa a Duquesa.

Julia: Estoy preocupada doctora, Duquesa no ha querido comer nada en dos días.

Doctora Pérez: ¿Ha tenido **vómito** o **diarrea**?

Julia: Tiene algo de diarrea, pero no ha vomitado.

Doctora Pérez: ¿Tiene sus **vacunas** y

desparasitación al día?

Julia: Si, aquí traje los certificados.

Doctora Pérez: Perfecto. Hay muchas causas de diarrea. Tendré que hacerle algunos exámenes pero primero te haré algunas preguntas más y luego vamos a examinarla.

Julia: Está bien doctora, pero ¿usted cree que sea **grave**?

Doctora Pérez: Esperemos que no, pero tenemos que examinarla.

Vocabulario:

vómito: vomiting

diarrea: diarrhea

vacunas: vaccines

desparasitación: worming

al día: up to date

grave: serious

Comprensión De La Lectura.

Selecciona la respuesta correcta:

1) Duquesa tiene:

a. vómitos

b. diarrea

c. vómitos y diarrea

2) Duquesa está comiendo:

a. mucho

b. poco

c. nada

3) Sus vacunas están:

a. al día

b. vencidas

c. no sabemos

4) ¿Qué es lo primero que hará la doctora?

a. Algunas preguntas más

b. Examinar a Duquesa

c. Hacerle unos exámenes

5) ¿Qué es lo último que hará la doctora?

a. Hacerle unos exámenes

b. Examinar a Duquesa

c. Algunas preguntas más

At The Vet

Mrs. Julia takes her cat Duquesa to the vet.

Dr. Pérez: Hello, Julia, tell me what's wrong with Duquesa.

Julia: I'm worried doctor; Duquesa hasn't wanted to eat anything in two days.

Dr. Pérez: Has she had vomiting or diarrhea?

Julia: She has some diarrhea, but she hasn't vomited.

Dr. Pérez: Are her vaccines and worming up to date?

Julia: Yes, I brought the certificates.

Dr. Pérez: Perfect. There are many causes of diarrhea. I'll have to do some tests but first I'll ask you some more questions and then I'll see her.

Julia: Ok, doctor, but do you think it's serious?

Dr. Pérez: Hopefully not, but I have to check her.

25. ¿Sabía Usted? Jirafas, Tigres Y Murciélagos

Las jirafas sí tienen **cuerdas vocales**, pero solo **zumban** por la noche y la frecuencia del **sonido** es **apenas** audible para los humanos. Las jirafas tienen **manchas**. El **patrón** de manchas en cada jirafa es **único** y se parece mucho a la **huella dactilar** humana.

Los tigres tienen **rayas** en su **pelaje** y también en su piel. Estas rayas son como las huellas dactilares de los humanos: únicas para cada tigre.

Los murciélagos son los únicos **mamíferos** que pueden volar.

Vocabulario:

cuerdas vocales: vocal folds

zumban (zumbar): hum

sonido: sound

apenas: barely, hardly

manchas: spots

patrón: pattern

único: unique, only

huella dactilar: fingerprint

rayas: stripes

pelaje: fur

mamíferos: mammals

Comprensión De La Lectura.

A. Traza líneas entre la columna de la derecha y la columna de la izquierda para asociar cada animal con todas sus características:

mamífero

rayas

1) Jirafa   volar

2) Tigre   zumbar

3) Murciélago   patrón único

manchas

B. Escribe V de Verdadero o F de Falso:

1) Las jirafas zumban por la noche. _______

2) Los humanos podrían oírlas. _______

3) Los tigres tienen huellas dactilares. _______

4) Los tigres tienen rayas. _______

5) Los tigres tienen manchas. _______

6) Los murciélagos no son mamíferos. _______

7) Los murciélagos pueden volar. _______

Did You Know? Giraffes, Tigers, And Bats

Giraffes do have vocal folds, but they just hum at night and the frequency of sound is barely audible to humans. Giraffes have spots. The spot pattern on each giraffe is unique and is much like the human fingerprint.

Tigers have stripes on their fur and also on their skin. These stripes are like human fingerprints: unique to each tiger.

Bats are the only mammals that can fly.

26. En Una Fiesta De Cumpleaños

Paty: Hola, eres Juan, ¿cierto?

Juan: Así es. Tú eres Paty. Nos conocimos en la **reunión familiar** de Luis el otro día.

Paty: **Verdad. Me parecías conocido**. ¿Cómo has estado?

Juan: Bien, gracias. ¿Y tú?

Paty: Bien. Trabajando bastante en un nuevo proyecto.

Juan: ¡Qué bien! ¿De qué se trata?

Paty: Estoy escribiendo una **serie** de libros.

Juan: **Me alegro por ti**. ¿Te traigo algo de beber?

Vocabulario:

reunión familiar: family reunion

verdad: true

me parecías conocido: you looked familiar

serie: series

me alegro por ti: I'm happy/glad for you

Comprensión De La Lectura.

Escribe V de Verdadero o F de Falso después de cada oración:

1) Paty y Juan ya se conocían. _______

2) Se conocieron en la casa de Juan. _______

3) Juan está trabajando en un nuevo proyecto. _______

4) Paty no está haciendo nada. _______

5) Paty está escribiendo para un periódico. _______

6) Paty está escribiendo libros. _______

7) Juan se alegró por ella. _______

8) Juan ofreció traerle algo de beber. _______

At A Birthday Party

Paty: Hey, you are Juan, right?

Juan: That's right. You're Paty. We met at Luis's family reunion the other day.

Paty: True. You looked familiar. How have you been?

Juan: Fine, thank you. You?

Paty: Fine. I'm working a lot in a new project.

Juan: That's great! What is it about?

Paty: I'm writing a series of books.

Juan: I'm happy for you. Can I get/bring you something to drink?

27. Conversación En El Aeropuerto

Helena: Mira, Pedro. **Aquí vienen** las personas del vuelo de Dublín. ¡Esa es Alma!

Pedro: ¿Cuál?

Helena: **La de** la chaqueta morada.

Pedro: ¿La del **morralito** azul?

Helena: No, la del morralito fucsia.

Pedro: Si, ¡ella es!

DESPUÉS DE UN GRAN ABRAZO...

Helena: ¿Cómo estuvo el viaje?

Alma: Muy bueno, fue un viaje largo pero agradable.

Pedro: **Debes** tener hambre.

Alma: Si, un poco.

Helena: ¡En casa nos espera una sopita **suculenta**!

Alma: ¡**Vámonos**!

Vocabulario:

aquí vienen: here come

la de / el de: the one with

morralito: little backpack

debes: must

suculenta: succulent

vámonos: let's go

Comprensión De La Lectura.

Traza una línea entre la columna de la derecha y la columna de la izquierda para unir palabras que guarden relación:

1) vuelo de Dublín   morada

2) chaqueta   ¡vámonos!

3) morralito   largo

4) sopa   fucsia

5) Alma   suculenta

Conversation At The Airport

Helena: Pedro, look. Here come the people from the Dublin flight. That's Alma!

Pedro: Which one?

Helena: The one with the purple jacket.

Pedro: The one with the blue little backpack?

Helena: No, the one with the fuchsia one.

Pedro: Yes, that's her!

AFTER A BIG HUG...

Helena: How was the trip?

Alma: Very good, it was a long trip but it was nice.

Pedro: You must be hungry.

Alma: Yes, a little.

Helena: At home, we have a succulent soup waiting for

us!

Alma: Let's go!

28. ¿Te Gustaría Ir Al Club?

Mary: Hola, Tere, te estoy llamando para invitarte a ir el domingo al club.

Teresa: Buenísimo, ya tomé **vacaciones** así que puedo disfrutar ese día.

Mary: Entonces salimos luego del desayuno. Lleva el **traje de baño**. Podemos **bañarnos** en la piscina un rato.

Teresa: No me gustaría regresar después de las 5 de la tarde.

Mary: No hay problema, almorzamos, jugamos a Rummikub un ratico y regresamos **temprano**.

Teresa: ¿A qué hora debo estar **lista**?

Mary: ¿Te parece a las 9?

Teresa: Está bien, ¡gracias!

Vocabulario:

vacaciones: vacation

traje de baño: swimsuit

bañarnos (bañarse en la piscina): swim

temprano: early

lista: ready

Comprensión De La Lectura.

Escribe respuestas cortas para las siguientes preguntas:

1. ¿Para qué llamó Mary a Teresa?

____

2. ¿Teresa puede ir? ¿Por qué?

____

3. ¿Qué actividades piensan realizar?

____

4. ¿Cuándo quiere regresar Teresa?

____

5. ¿A qué hora Mary pasará buscando a Teresa?
____

Would You Like To Go To The Club?

Mary: Hello, Tere, I'm calling to invite you to go to the club on Sunday.

Teresa: Great, I took a vacation already so I can enjoy that day.

Mary: Then we'll leave after breakfast. Take the swimsuit. We can swim in the pool for a while.

Teresa: I wouldn't like to return after 5.

Mary: No problem, we have lunch, play Rummikub for a little while and come back early.

Teresa: What time should I be ready?

Mary: Is 9 ok for you?

Teresa: Good, thanks!

Ernesto: Aló

John: Aló, ¿Ernesto?

Ernesto: Si, hola, John. ¿Cómo estás?

John: Bien. ¿Por qué no me llamaste ayer?

Ernesto: No pude, **se me complicó el día.**

John: **¡Con razón!** Quería saber si querrías

acompañarme a comprar el árbol de navidad para mi casa. También necesitamos luces y **adornos**.

Ernesto: Con gusto, y así **aprovecho** de comprar el **nuestro**. Mi esposa ya me lo ha **recordado dos veces.**

John: Perfecto, paso por ti a las 3 de la tarde, ¿te parece?

Ernesto: Está bien.

John: Ok, nos vemos y gracias.

Vocabulario:

se me complicó el día/la vida/la semana: my day/life/week got busy

¡con razón!: no wonder!, with reason!

adornos: ornaments

aprovecho (aprovechar de hacer algo): take advantage of

recordado (recordar): reminded

dos veces: twice

Comprensión De La Lectura.

Escribe V de Verdadero o F de Falso después de cada oración:

1) Ernesto llamó a John ayer. _________

2) A Ernesto se le complicó el día. _________

3) John quiere comprar un árbol de navidad para su trabajo. _________

4) Ernesto también quiere comprar un árbol de navidad. _________

5) La esposa de Ernesto se lo ha recordado más de una vez. _________

Christmas Is Coming

Ernesto: Hello

John: Hello, Ernesto?

Ernesto: Yes, hi, John. How are you?

John: Fine. Why didn't you call me yesterday?

Ernesto: I couldn't, my day got busy.

John: No wonder! I wanted to know if you would like to go with me to buy the Christmas tree for my house. We also need lights and ornaments.

Ernesto: With pleasure, and I could take advantage of buying ours. My wife has already reminded me that twice.

John: Perfect, I pick you up at three, ¿is that ok for you?

Ernesto: Yes, that's fine.

John: Ok, see you and thank you.

30. Invitación A Comer Fuera

Salir a comer

Antonio: **Me preguntaba** si te gustaría ir a comer algo este sábado.

Celia: **Me encantaría** pero trabajo ese día. ¿Tú puedes el domingo?

Antonio: Si, me parece bien. Te llamo para **ponernos de acuerdo**.

Celia: Buenísimo. Hablamos.

DOMINGO EN LA MAÑANA...

Antonio: ... **Paso por ti** al mediodía.

Celia: Perfecto, muchas gracias.

EN EL RESTAURANTE...

Antonio: ¿Qué te **provoca** comer?

Celia: Me encantaría **probar** este pescado en salsa de soya y perejil, con vegetales. ¿Y a ti?

Antonio: Mmm, suena delicioso. Yo voy a pedir este bistec con papas fritas y ensalada de lechuga, pepino, tomate y cebolla.

Celia: También suena delicioso.

Antonio: ¿Lista para ordenar?

Celia: Si. ¿Y de tomar?

Antonio: Tienen jugos y cervezas, ¿qué prefieres?

HABLANDO CON EL MESONERO...

Celia: ¿Qué cervezas tienen?

Mesonero: Polar Pilsen, Solera verde y Polar Ice.

Celia: ¡Me provoca una Pilsen **bien fría**!

Antonio: ¡Que sean dos, por favor!

Celia: Vamos a compartir los platos.

Mesonero: Les traeré un par de platos extra.

Vocabulario:

me preguntaba (preguntarse): I was wondering

me encantaría: I'd love to

ponerse de acuerdo: agree on details

paso por ti (buscar o recoger a alguien): I'll pick you up

provoca (provocar, apetecer): like, feel like.

probar: try

bien fría: ice-cold

Comprensión De La Lectura.

Selecciona una sola respuesta para completar la oración:

1) Antonio y Celia van a ir a comer:

a. el sábado

b. el domingo

c. el lunes

2) A Celia le provoca:

a. perejil en salsa de pescado

b. pescado en salsa de tomate

c. pescado en salsa de soya y perejil

3) Antonio quiere pedir:

a. bistec con papas fritas y ensalada

b. bistec con puré de papas y ensalada

c. lo mismo que Celia

4) ¿Qué quiere beber Celia?

a. Una cerveza

b. Un jugo

c. Un agua mineral

5) ¿Qué quiere beber Antonio?

a. Lo mismo que Celia

b. Un jugo

c. Una Polar Ice

Invitation For A Meal – Out To Lunch

Antonio: I was wondering whether you would like to go for something to eat this Saturday.

Celia: I'd love to, but I work that day. Are you available on Sunday?

Antonio: Yes, I am. That's fine. I'll call you to agree on details.

Celia: Great. We're talking.

SUNDAY MORNING...

Antonio: ... I'll pick you up at noon.

Celia: Perfect, thank you very much.

AT THE RESTAURANT...

Antonio: What would you like to eat?

Celia: I'd like to try this fish in soy and parsley sauce with vegetables. What about you?

Antonio: Mmm, that sounds yummy. I'll have this

beefsteak with French fries and lettuce, cucumber, tomato, and onion salad.

Celia: That sounds delicious, too.

Antonio: Ready to order?

Celia: Yes. Something to drink?

Antonio: They have juices and beers, what do you prefer?

SPEAKING WITH THE WAITER...

Celia: What kind of beers do you have?

Waiter: Polar Pilsen, green Solera, and Polar Ice.

Celia: I feel like an ice-cold Pilsen!

Antonio: Make it two, please!

Celia: We're sharing the food.

Waiter: I'll bring a couple of extra plates.

31. En El Tráfico

Arelis: ...Y está **cola**, ¿qué pasará?

Camilo: Será un **carro accidentado** o un **choque**...

Arelis: No se ve nada...

Camilo: Prendamos la radio para ver si dicen algo en las noticias.

Arelis: De cualquier manera nos podemos **desviar** en la próxima **salida**.

Camilo: De acuerdo, por ahí también **salimos** a la avenida Francisco de Miranda.

Arelis: En la radio solo hay música.

Camilo: Allá está la salida.

Arelis: Mejor nos desviamos, pon el **indicador de cruce**.

Vocabulario:

cola: traffic jam

carro accidentado: broken-down car

choque: crash, collision

desviar: turn off

salida: exit

salimos (salir, llegar al mismo sitio): come out

indicador de cruce: direction indicator

Comprensión De La Lectura.

Escribe V de Verdadero o F de Falso después de cada oración:

1) Camilo es quien está manejando. ________

2) Arelis es quien está manejando. _________

3) Hay noticias en la radio. _________

4) Hay música en la radio. _________

5) Ellos quieren salir a la avenida Francisco de Miranda. _________

6) Ellos se desviarán en la próxima salida. _________

In The Traffic

Arelis: ...And this traffic jam, I wonder what's going on.

Camilo: Maybe a broken-down car or a crash...

Arelis: I cannot see anything...

Camilo: Turn on the radio to see if they say something in the news.

Arelis: Anyway we can turn off in the next exit.

Camilo: Okay, there we also come out to Francisco de Miranda Avenue.

Arelis: There is only music on the radio.

Camilo: There's the exit.

Arelis: Better to take the next exit, put on the indicator.

32. Esperando Al Bebé

Gladys: Hola, mi amiga, ¿cómo te has sentido?

Isabel: Me siento bien, gracias a Dios. Comiendo y **engordando**.

Gladys: ¿Cuántos meses son?

Isabel: Casi 7.

Gladys: **¡Qué emoción!** Pronto estaremos **consintiendo** a ese pequeñín. ¿Y el médico no te ha dicho nada sobre la alimentación?

Isabel: Solo que debía **cuidarme de** las grasas.

Gladys: Bueno, eso está bien. Te estuve llamando antes de venir pero **se me cayó la llamada** varias veces.

Isabel: Ah, eras tú...

Gladys: Sí. Mira lo que te traje.

Isabel: ¡Ay, qué **cuchura**, qué **ropita** tan hermosa, me encanta, gracias!

Gladys: **¡Qué bueno que** te gustó!

Vocabulario:

engordando (engordar): putting on weight

¡qué emoción!: how exciting!

consintiendo (consentir): pampering

cuidarme de (cuidarse de, no pasarse con, ir despacio con): go easy on

se me cayó la llamada: my call was dropped

cuchura: cute

ropita: baby clothes

¡qué bueno que...!: good thing...!

Comprensión De La Lectura.

Escribe a quién o a quiénes (Gladys, Isabel, o ambas) corresponden las siguientes acciones:

1) Esperar un bebé:

2) Comer y engordar:

3) Llamar varias veces:

4) Traer ropita de bebé:

5) Cuidarse de las grasas:

Waiting For The Baby

Gladys: Hello, my friend, how have you felt?

Isabel: I feel well, thank God. Eating and putting on weight.

Gladys: How many months?

Isabel: Almost 7.

Gladys: How exciting! We'll be pampering the little one soon. And hasn't the doctor told you anything about the food?

Isabel: Only that I should go easy on fatty foods.

Gladys: Well, that's fine. I was calling you before coming but my call was dropped several times.

Isabel: Ah, it was you...

Gladys: Yes. Look what I brought you.

Isabel: Oh, how cute, what a beautiful baby clothes, I love it, thank you!

Gladys: Good thing you liked it!

33. Un Problema De Plomería

Carmen: Aló, María, ¿cómo estás? Te habla Carmen, la **cuñada** de Antonio.

María: Hola, ¿cómo te ha ido?

Carmen: Bien, y un poco apenada; molestándote para preguntar si tu esposo puede pasar por mi casa para arreglar un problema con una **tubería** rota. Él se **dedica** a eso, ¿no?

María: Si, él además de su profesión, le dedica tiempo a la **plomería**. En lo que regrese de la oficina le comento a ver si puede pasar por tu casa hoy mismo.

Carmen: Te lo **agradezco** mucho.

María: No te preocupes, yo le doy tu mensaje y le explico la urgencia.

Carmen: ¿Cuánto **cobra** él por sus servicios?

María: No sé, él te dirá dependiendo de la gravedad del problema y el trabajo que tenga que hacer.

Carmen: Ok, está bien. Entonces espero la llamada. Gracias nuevamente.

Vocabulario:

cuñada: sister-in-law

tubería: pipe

dedica (dedicarse a): works in

plomería: plumbing

agradezco (agradecer): appreciate

cobra: charges

Comprensión De La Lectura.

Escribe respuestas cortas para las siguientes preguntas:

1. ¿Quién llamó a María?

____

2. ¿Cuál es el problema?

____

3. ¿A qué se dedica el esposo de María?

____

4. ¿Cuándo puede pasar él por casa de Carmen?

____

5. ¿Cuánto cobra él por su trabajo?

____

A Plumbing Problem

Carmen: Hello, María, how are you? This is Carmen, Antonio's sister-in-law.

María: Hi, how have you been?

Carmen: Fine, I am sorry to bother you but I wanted to ask you if your husband could pass by my house to sort out a problem with a broken pipe. He works in that, right?

María: Yes, besides his profession, he dedicates some time to plumbing. When he is back from the office I tell him to see if he can stop by your house today.

Carmen: I really appreciate it.

María: Don't worry, I give him your message and explain him the urgency.

Carmen: How much does he charge for his services?

María: I don't know, he'll tell you depending on the seriousness of the problem and the work he has to do.

Carmen: Ok, then. I wait for the call. Thanks again.

34. Reflexión

Ayer caminando por el parque me preguntaba por qué no se realizaba un **operativo** de **mantenimiento**, **limpieza** y siembra de flores para darle una mejor **vista** y hacerlo más atractivo al visitante.

Creo que lo voy a proponer en la **comunidad** o en mi **vecindario**. Ojalá todos estén de acuerdo y colaboren.

Vocabulario:

operativo: operation

mantenimiento: maintenance

limpieza: cleaning

vista: sight, view

comunidad: community

vecindario: neighborhood

Comprensión De La Lectura.

Escribe una respuesta corta para cada pregunta:

1) ¿Por dónde caminaba el personaje?

____

2) ¿Qué preguntaba para sus adentros?

____

____

3) ¿Cuál es el objetivo del operativo?

____

____

4) ¿Dónde presentará su propuesta?

____

____

5) ¿Cuál es su deseo?

____

____

Respuestas:

1) por un parque, 2) por qué no se realizaba un operativo de mantenimiento, limpieza y siembra de flores, 3) darle una mejor vista al parque, hacerlo más atractivo para el visitante 4) en su comunidad o en su vecindario, 5) que todos estén de acuerdo y colaboren.

Reflection

Yesterday walking through the park I was wondering why we wouldn't perform a maintenance, cleaning and landscaping* operation to give the park a better sight and make it more attractive for the visitors.

I think I'm going to take the proposal to the community or my neighborhood. Hopefully everyone will agree and collaborate.

*The literal translation is "planting flowers" but the term "landscaping" expresses what we mean.

35. Problemas Con El Carro

Armando: Gustavo, no he visto más tu carro. ¿Lo vendiste?

Gustavo: No, **todavía** tengo mi viejo carro pero está en el **taller** otra vez.

Armando: ¿Todavía no te lo han reparado?

Gustavo: No, vale. Están esperando un **repuesto**. El mecánico está **sustituyendo** varias piezas.

Armando: Deberías apurarlos un poco.

Gustavo: Los he llamado dos veces esta semana pero el **bendito** repuesto no les ha llegado.

Armando: **Que broma**. ¿Cómo estás haciendo para ir al trabajo?

Gustavo: Estoy agarrando el autobús. Tengo la parada más o menos cerca.

Armando: ¿Y no manejas el carro de tu esposa?

Gustavo: Es **sincrónico**. Recuerda que yo no manejo sincrónico.

Armando: Yo también prefiero los carros automáticos.

Gustavo: Bueno, espero me entreguen mi carro **a más tardar** la próxima semana.

Armando: **Ojalá**. Nos vemos.

Vocabulario:

todavía: yet, still

taller: shop

repuesto: part

sustituyendo (sustituir): replacing

bendito: bloody

que broma: what a shame / pain

sincrónico: manual

a más tardar: no later tan

ojalá: hopefully

Comprensión De La Lectura.

Selecciona la respuesta correcta para cada pregunta:

1) ¿Qué le pasó al carro de Gustavo?

a. Lo vendió

b. Lo llevó al taller por primera vez

c. Lo llevó al taller otra vez

2) ¿Por qué no se lo han reparado?

a. Porque el carro es sincrónico

b. Porque el carro es automático

c. Porque están esperando un repuesto

3) ¿Cómo está haciendo Gustavo para ir al trabajo?

a. Está agarrando el autobús

b. Su esposa lo está llevando

c. Armando le está dando la cola

4) ¿Por qué Gustavo no maneja el carro de su esposa?

a. Porque prefiere ir en autobús

b. Porque es sincrónico

c. Porque es automático

5) ¿Cuándo cree Gustavo que le entregarán su carro?

a. A más tardar el lunes

b. El fin de semana

c. A más tardar la próxima semana

Troubles With The Car

Armando: Gustavo, I haven't seen your car. Did you sell it?

Gustavo: No, I didn't. I still have my old car but it is in the shop again.

Armando: Haven't they fixed it yet?

Gustavo: No, man. They are waiting for a part. The mechanic is replacing several parts.

Armando: You should tell them to hurry a little.

Gustavo: I've called them twice this week but the bloody part has not arrived.

Armando: What a shame. How are you doing to go to work?

Gustavo: I'm taking the bus. The bus stop is more or less near.

Armando: And, don't you drive your wife's car?

Gustavo: It has a manual shift. Remember that I don't drive manual cars.

Armando: I also prefer automatic cars.

Gustavo: Well, I hope I'll have my car back no later than next week.

Armando: Hopefully. See you.

36. En El Gimnasio

Rogelio: Hola, Ramón, ¿cómo estás? Hoy necesito realizar una hora de ejercicios y quiero que por favor me dirijas la **rutina** porque tengo dos meses sin **entrenar**.

Ramón: Claro, vamos a iniciar con unos veinte minutos de cardio para **calentar** y luego hacemos una serie de bíceps, tríceps y un poco de piernas.

Rogelio: ¿Y eso no es como mucho? Recuerda que **no estoy en forma** y quiero volver a mi peso normal.

Ramón: **Tranquilo** que con la rutina cardiovascular vas a perder esos kilitos de más y con el resto de los ejercicios **tonificarás** el cuerpo.

Rogelio: Gracias, Ramón, por tus **consejos** profesionales.

Ramón: De nada, y no olvides consumir tus **merengadas** de proteínas adicionales a tu alimentación **balanceada**.

Vocabulario:

rutina: routine

entrenar: train

calentar: warm up

no estar en forma: be out of shape

tranquilo/a: relax, don't worry, take it easy

tonificarás (tonificar): will tone

consejos (plural): tips, suggestions

merengadas: shakes

balanceadas: balanced

Comprensión De La Lectura.

Escribe respuestas cortas para las siguientes preguntas:

1. ¿Cuánto tiempo tenía Rogelio sin ir al gimnasio?

____

2. ¿Cómo se llama el que dirige los ejercicios?

____

3. ¿Con que tipo de ejercicios iniciarán la rutina?

____

4. ¿Con que tipo de ejercicios Rogelio perderá peso?

____

5. ¿Qué debe consumir además de su alimentación balanceada?

____

Respuestas:

1) 2 meses, 2) Ramón, 3) con 20 minutos de cardio, 4) con la rutina de cardio 5) merengadas de proteínas

In The Gym

Rogelio: Hi, Ramón, how are you? Today I need to work out for an hour and I'd like you to please guide my routine because I've got two months with no training.

Ramón: Sure, let's start with twenty minute cardio to warm up and then we'll do a series of biceps, triceps and a bit of legs.

Rogelio: And isn't that much? Remember that I am out of shape and I want to recover my normal weight.

Ramón: Don't worry, with the cardio routine you will lose those extra kilos and with the rest of the exercises you will tone the body.

Rogelio: Thank you, Ramón, for your professional tips.

Ramón: You're welcome, and do not forget to add your protein shakes to your balanced diet.

37. ¿Sabía Usted? La Piel

La piel es el órgano más grande del cuerpo humano.

El **grosor** de la piel varía entre 0.5 mm en los **párpados** y 5 mm en los **talones**. 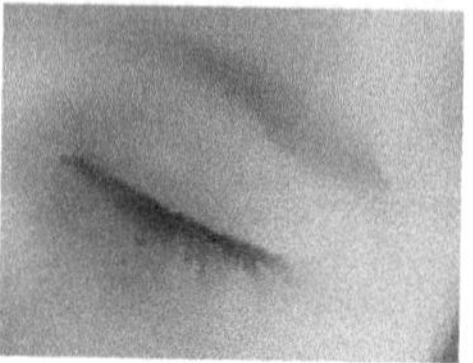

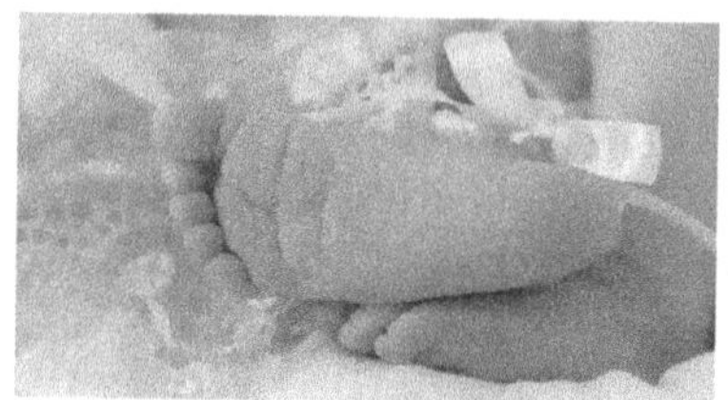

En un adulto **promedio** tiene una **superficie** aproximada de 2 m² y pesa **alrededor** de 4 kg.

Las **células** de la epidermis se **renuevan cada** 3 ó 4 semanas.

Vocabulario:

grosor: thickness

párpados: eyelids

talones: heels

promedio: average

superficie: surface

alrededor: around

células: cells

renuevan (renovar): renew

cada: every

Comprensión De La Lectura.

Escribe una respuesta corta para cada pregunta:

1) ¿Cuál es el órgano más grande del cuerpo humano?

____

2) ¿Dónde es más delgada la piel?

____

3) ¿Dónde es más gruesa la piel?

____

4) ¿Cuánto pesa la piel aproximadamente?

____

5) ¿Cada cuanto tiempo se renuevan las células de la

epidermis? _______________________________________

Respuestas:

1) la piel, 2) en los párpados, 3) en los talones, 4) 4 kg, 5) cada 3 ó 4 semanas.

Did You Know? The Skin

The skin is the largest organ of the human body. The thickness of the skin varies from 0.5 mm on the eyelids to 5 mm on the heels. For an average adult the skin has an approximate surface area of 2 m² and weighs around 4 kg. The cells of the epidermis are renewed every 3 to 4 weeks.

38. Reflexión 2

Basada en relato de Un minuto para el absurdo de Anthony de Mello.

Paseaba cuando **de pronto** una mujer chocó conmigo. La mujer empezó a **insultarme**. Con una **leve sonrisa** y sin gritar le dije: escucha: no sé quién de las dos ha tenido la **culpa**, pero no **estoy**

dispuesta a perder el tiempo intentando averiguarlo. Si la culpa fue mía, perdón; si fue tuya, olvídalo, no pasó nada.

Vocabulario:

paseaba (pasear): took a walk

de pronto: suddenly

insultar: swear

voz baja: softly

leve sonrisa: light smile

culpa: blame, fault

estoy dispuesta a (estar dispuesto a): be willing to

Comprensión De La Lectura.

Selecciona la respuesta correcta para cada pregunta:

1) ¿Cuántos personajes hay en la lectura?

a. Un hombre y una mujer

b. Dos mujeres

c. Tres hombres

2) ¿Quiénes chocaron?

a. Dos personas

b. Una persona y un carro

c. Dos carros

3) ¿Qué hizo la mujer?

a. Insultó

b. Gritó

c. Corrió

4) ¿Qué dijo la persona que paseaba?

a. No sé quién ha tenido la culpa

b. La culpa es tuya

c. La culpa es mía

5) ¿Cuál es la enseñanza?

a. No salgas a pasear

b. No hables con extraños

c. No pierdas el tiempo en discusiones tontas

Respuestas:

1) b, 2) a, 3) a, 4) a, 5) c.

Explanation for answer 2. Notice that the character speaking says: "no sé <u>quién de **las** dos</u> ha tenido la culpa". If this were a man he'd have said: "no sé <u>quién de **los** dos</u>", regardless the second character is a woman. In addition the character also says "no estoy dispuest**a**". If this were a man he'd have said: "no estoy dispuest**o**".

Reflection 2

Based on a short story from One minute wisdom by Anthony de Mello.

I was taking a walk when suddenly a woman collided with me. The woman started to swear. With a light smile and without shouting I told her: Listen, I do not know which of us was to blame, but I'm not willing to waste time trying to find out. If I'm to blame, I beg your pardon; If the fault was yours, forget it, nothing happened.

39. Música Con Propósito

Lyda: Hola, ¿vas a ir al concierto?

Doris: ¿Cuál concierto?

Lyda: Se presenta el grupo Baraka.

Doris: ¿Qué tipo de música **interpretan**?

Lyda: Hacen música latinoamericana con **propósito social**.

Doris: Suena interesante. ¿De dónde son?

Lyda: Son venezolanos y están conformados desde el mes de junio de 2005. Tienen dos **producciones discográficas** y han realizado varias **giras** con mucho éxito.

Doris: **¡Me animaste!** ¿Me puedes venir a buscar?

Lyda: Por supuesto.

Doris: ¿A qué hora debo estar lista?

Lyda: A las 7.30 p. m.

Doris: Excelente, gracias, te espero.

Vocabulario:

interpretan (interpretar): play, interpret

propósito social: social purpose

producciones discográficas: albums

giras: tours

¡me animaste!: ok, you got me!

Comprensión De La Lectura.

Escribe V de Verdadero o F de Falso para cada oración.

1) Hay un concierto del grupo Baraka. _____

2) El concierto es a las 7.30 p. m. _____

3) Son de Venezuela. ______

4) Baraka interpreta música latinoamericana con propósito social. ______

5) Han realizado varias giras exitosas. ______

Music With Purpose

Lyda: Hi, are you going to the concert?

Doris: Which concert?

Lyda: Baraka is giving a concert.

Doris: What type of music do they play?

Lyda: They interpret Latin-American music with social purpose.

Doris: Sounds interesting. Where are they from?

Lyda: They are Venezuelan. The group was founded back in June 2005. They have recorded two albums and they have done several very successful tours.

Doris: Ok, you got me! Could you pick me up?

Lyda: Sure.

Doris: At what time should I be ready?

Lyda: At 7:30 p. m.

Doris: Excellent! Thank you! Look forward to it.

40. El Partido De Fútbol

César: ¿Fuiste al **teatro** la semana pasada?

Julio: No, fuimos a ver el **partido** de fútbol.

César: **¿Cómo estuvo eso?**

Julio: **Regular**. Perdimos 2 a 0, a favor del equipo visitante.

César: ¡**No me digas**, **menos mal** que no fui! La última vez que jugaron quedaron empatados 0 a 0.

Julio: Este fin de semana juegan otra vez. ¿Te animas?

César: ¿Dónde juegan?

Julio: En el estadio Vidal López.

César: Bueno, avísame si van y de pronto **me animo** y voy con ustedes.

Julio: Vale, te estoy avisando.

César: **Saludos** a todos por la casa.

Julio: **Igualmente**, en contacto.

Vocabulario:

teatro: theater

partido: game

¿cómo estuvo eso?: how did it go?, how was it?

regular: not so good, so-so

¡no me digas!: you don't say!, you must be kidding!

menos mal: lucky... , glad... , thank goodness!

si me animo... : if I'm up for it...

saludos: say hi

igualmente: likewise

Comprensión De La Lectura.

Selecciona la respuesta correcta:

1) ¿César fue al teatro la semana pasada?

a. No, no fue

b. Si fue

c. Regular

2) ¿Cómo estuvo el partido?

a. Muy bueno, ganaron

b. Regular, perdieron

c. Quedaron empatados

3) ¿Cuándo vuelven a jugar?

a. En el estadio Vidal López

b. El fin de semana

c. La semana pasada

4) ¿Quién quedó en avisar a quién?

a. Nadie quedó en avisar

b. César quedó en avisar a Julio

c. Julio quedó en avisar a César

5) ¿Cuál puede decirse que era el equipo favorito de los muchachos?

a. El equipo local

b. El equipo visitante

c. Ninguno de los dos

The Football Game

César: Did you go to the theater last week?

Julio: No, we went to the football game.

César: How did it go?

Julio: Not so good. We lost 2-nil to the away team.

César: You don't say! Lucky I didn't go! Last time they drew nil-nil.

Julio: They play again this weekend. Are you in?

César: Where do they play?

Julio: At Vidal López stadium.

César: Well, let me know if you go and if I'm up for it I will go with you.

Julio: Ok, I'll let you know.

César: Say hi to everyone over there.

Julio: Likewise, stay in touch.

41. En La Discotienda

Luis: Hola, Julio, ¿cómo estás?

José: Hola, todo bien, ¿y tú?

Luis: Todo bien. ¿Qué haces por aquí?

José: **Ando buscando** un CD de música **clásica** para mi tía que cumple años **pasado mañana**.

Luis: que bien, y hablando de música clásica, ¿sabes por qué los CDs tienen 74 minutos de duración? **Me**

enteré por estos días.

José: No, cuéntame.

Luis: El primer CD fabricado por Phillips duraba 60 minutos, pero luego Sony **extendió** la capacidad a 74 para que cupiese toda la novena sinfonía de Beethoven.

José: Quiere decir que la capacidad de un CD es lo que dura la novena sinfonía de Beethoven.

Luis: ¡Exactamente! Mira acá está la música clásica, este CD tiene la 9na sinfonía. ¿A tu tía no le gustará?

José: Me parece que sí, y además le regalaría esta historia interesante que me acabas de contar.

Luis: Suerte, saludos.

José: Seguro, nos vemos!

Vocabulario:

ando (andar) buscando: I'm out looking for

clásica: classical

pasado mañana: the day after tomorrow

me enteré (enterarse): I heard / learnt /found out

por estos días: recently, few days ago

extendió (extender): expanded

Comprensión De La Lectura.

Escribe respuestas cortas para las siguientes preguntas:

1) ¿Qué está haciendo Luis?

____

2) ¿Quién cumple años?

____

3) ¿Quién fabricó el primer CD y cuánto duraba?

____

4) ¿Por qué se extendió la duración a 74 minutos?

____

5) ¿Qué va a regalar José?

____

Respuestas:

1) buscando un CD de música clásica, 2) su tía, 3) Phillips, duraba 60 minutos, 4) para que cupiese toda la novena sinfonía de Beethoven, 5) un CD de Beethoven.

In The Record Shop

Luis: Hello, Julio, how are you?

José: Hi, everything good, and you?

Luis: Let's say fine. What are you doing?

José: I'm out looking for a classical music CD for my aunt. Her birthday is the day after tomorrow.

Luis: Great, speaking of classical music, do you know why CDs are 74 minutes long? I heard recently.

José: No, tell me.

Luis: The first CD produced by Phillips held 60 minutes' worth of music, but later Sony expanded the capacity to 74 so that Beethoven's Ninth Symphony would be able to fit entirely onto a CD.

José: It means that the capacity of a CD is the length of Beethoven's Ninth Symphony.

Luis: Exactly! Look, here is the classical music; this CD has the 9th Symphony. Won't your aunt like it?

José: I think so, and I would also give her the interesting story you've just told me.

Luis: Good luck, say hi to everyone over there.

José: ¡Sure, see you!

42. Josefina Y La Botella De Agua Mágica

Inspirada en Juanito y las habichuelas mágicas de Joseph Jacobs.

Había una vez una niña llamada Josefina que vivía con su madre en una pequeña **cabaña** en el desierto. Como eran muy pobres, la mujer mandó a su hija a vender lo único que tenían: una oveja.

Por el camino Josefina se encontró con una mujer.

- Hola -dijo la mujer-. Tengo aquí una **botellita** maravillosa. El agua es **mágica**. Si tú quieres, te la daré **a cambio de** la oveja.

Josefina aceptó y volvió a casa con la botella de agua. Cuando su madre la vio, **se enfadó** mucho y tiró el agua por la ventana.

A la mañana siguiente, una pequeña **fuente** había **brotado** en el lugar donde cayó el agua.

Vocabulario:

había una vez: once upon a time

cabaña: cottage

por el camino: on the way

botellita: little bottle

mágica: magical

a cambio de: in return for

se enfadó (enfadarse, molestarse, enojarse): got angry, got mad

fuente: spring, fountain

brotado (brotar): sprung

Comprensión De La Lectura.

Selecciona una o más respuestas para las siguientes preguntas:

1)   ¿Qué quería vender la madre de Josefina?

a.   La cabaña

b.   La fuente

c.   A Josefina

d.   La oveja

2)   ¿Qué hizo Josefina?

a.   Cambió la oveja por agua

b.   Regaló la oveja

c.   Vendió la oveja

d.   Se molestó con su mamá

3)   ¿Qué hizo la mamá de Josefina?

a.   La felicitó

b.   Se molestó

c.   Tiró el agua por la ventana

d.   Regó las plantas

4)   ¿Qué pasó al siguiente día?

a.   Una fuente de agua había brotado

b.   Crecieron plantas

c.   Trajeron a la oveja de regreso

d.   Nada ocurrió

Josefina And The Magic Water Bottle

Based on Jack and the beanstalk by Joseph Jacobs.

Once upon a time, there was a girl named Josefina, who lived with her mother in a little cottage in the desert. Because they were very poor, the woman sent her daughter to sell the only thing they had: a sheep.

On the way Josefina met a woman.

- Hi -said the woman-. Here I have a wonderful little bottle. The water is magical. If you like, I'll give it to you in return for the sheep.

Josefina accepted and headed back home with the bottle of water. When her mother saw it, she got very angry and threw the water out of the window.

The next morning a small spring had sprung up in the place where the water fell.

43. Beatrix Potter

Beatrix Potter fue **escritora**, **dibujante** y conservacionista, principalmente **autodidacta**. Nació en 1866 en Inglaterra. Le gustaba dibujar animales y la naturaleza. Beatrix comenzó a dibujar **tarjetas** con animales y a escribir e **ilustrar cartas**. Un día, ella escribió una carta al hijo de una amiga y le contó la historia de Peter Rabbit. Decidió convertir la historia en un libro, ¡y fue un gran **éxito**! Publicó muchos más libros y también creó muñecas, juegos y otros **artículos**. Beatrix aprendió sobre **agricultura**. Ella era muy **activa** en la protección del medio ambiente. Cuando ella murió, dejó sus **tierras** a una **organización** benéfica para ayudar a protegerlas.

Vocabulario:

escritora: writer

dibujante: illustrator

autodidacta: self-taught

tarjetas: cards

ilustrar: illustrate

cartas: letters

éxito: success

artículos: items

agricultura: farming

activa: active

tierras: land

organización benéfica: charity

ComprensIón De La Lectura.

Escribe respuestas cortas para las siguientes preguntas:

1) ¿Cuándo nació Beatrix Potter?

____

2) ¿Qué le gustaba dibujar a Beatrix?

____

3) ¿Dónde contó la historia de Peter Rabbit por

primera vez?

____

4) ¿Qué artículos basados en sus libros creó Beatrix?

____

5) ¿A quién dejó Beatrix sus tierras al morir?

____

6) ¿Por qué?

____

Beatrix Potter

Beatrix Potter was a writer, illustrator and conservationist, mainly self-taught. She was born in 1866 in England. She liked drawing animals and nature. Beatrix started drawing cards with animals, and writing and illustrating letters. One day, she wrote a letter to a friend's son, and told the story of Peter Rabbit. She decided to make the story into a book, and it was a great success! She published many more books, and she also created dolls, games, and other items. Beatrix learned about farming. She was very active in protecting the environment. When she died, she left her land to a charity to help protect it.

44. ¿Quién Creó El Día De La Tierra?

El estadounidense John McConnell, quien comenzó a **preocuparse** por los temas **ambientales** cuando trabajaba en una empresa de plásticos.

En 1959 creó una de las primeras **revistas con temas ecológicos**, Mountain View. También diseñó la **bandera** del Día de la Tierra usando una fotografía de la Tierra tomada por la **nave espacial** Apolo XVII.

Gaylord Nelson fue el senador de los Estados Unidos que ayudó a **impulsar** el primer Día de la Tierra el 22 de abril de 1970.

Vocabulario:

preocuparse: concern, worry

ambientales: environmental

revistas con temas ecológicos: environmental magazines

bandera: flag

nave espacial: spacecraft

impulsar: launch

Comprensión De La Lectura.

Selecciona la información correcta para completar cada proposición:

1) John McConnell trabajó en:

a. una tienda de fotografías

b. una empresa de plásticos

c. una nave espacial

2) La revista Mountain View trata sobre:

a. temas ambientales y ecológicos

b. plásticos

c. naves espaciales

3) Para celebrar el Día de la Tierra, McConnell diseñó:

a. una nave espacial

b. una revista ambiental

c. una bandera

4) ¿Quién tomó la fotografía de la Tierra usada por McConnell?

a. Él mismo

b. El Apolo XVII

c. Gaylord Nelson

5) En 1970:

a. se creó Mountain View

b. se celebró el primer Día de la Tierra

c. se lanzó el Apolo XVII

Who Created Earth Day?

The American John McConnell, who began to concern about environmental issues when he worked at a plastic factory.

In 1959 he created one of the first environmental magazines, Mountain View. He also designed the Earth Day flag using a photograph of the Earth taken by the Apollo XVII spacecraft.

Gaylord Nelson was the U.S. senator who helped launch the first Earth Day on April 22, 1970.

45. Las Ligas Mayores De Béisbol

Los **campeonatos** de Béisbol de Grandes Ligas se realizan desde 1903 y solo han sido **suspendidos** en dos ocasiones: en 1904 por un presunto **sabotaje** y en 1994 por una **huelga** de peloteros.

Desde 1903 se han realizado 113 series mundiales en total.

¿Cuáles son los equipos con más **títulos**?

Los Atléticos de Oakland ocupan el tercer lugar con 9 series ganadas. Los Cardenales de San Luis están el segundo lugar con 11 series ganadas y el primer lugar es para los Yankees de Nueva York con 27 **victorias**, habiendo participado en 40 series mundiales.

Vocabulario:

campeonatos: championships

suspendidos: cancelled

sabotaje: boycott, sabotage

huelga: strike

títulos: titles

victorias: victories

Comprensión De La Lectura.

Selecciona la respuesta correcta para cada proposición:

1) El primer campeonato de Béisbol de Grandes Ligas se realizó en:

a. 1903

b. 1904

c. 1994

2) Los campeonatos de Béisbol de Grandes Ligas se

han suspendido:

a. muchas veces

b. dos veces

c. una sola vez

3) En total se han realizado ______ series mundiales:

a. 27

b. 40

c. 113

4) El equipo con más títulos mundiales es:

a. Cardenales de San Luis

b. Yankees de Nueva York

c. Atléticos de Oakland

5) El equipo con 11 series ganadas es:

a. Cardenales de San Luis

b. Yankees de Nueva York

c. Atléticos de Oakland

The Major League Baseball

Major League Baseball championships have been held since 1903 and have only been cancelled twice: in 1904 due to a presumed boycott and in 1994 due to a baseball players' strike. The World Series has been held 113 times since 1903.

Which are the teams with the most titles?

Oakland Athletics have the third place with 9 World Series won.

The second-ranked team, St. Louis Cardinals, has won 11 World Series titles and the first place is for the New York Yankees with 27 victories having participated in 40 World Series championships.

46. Tomado Del Libro El Clan De Los Rubíes, De Leslie Pérez

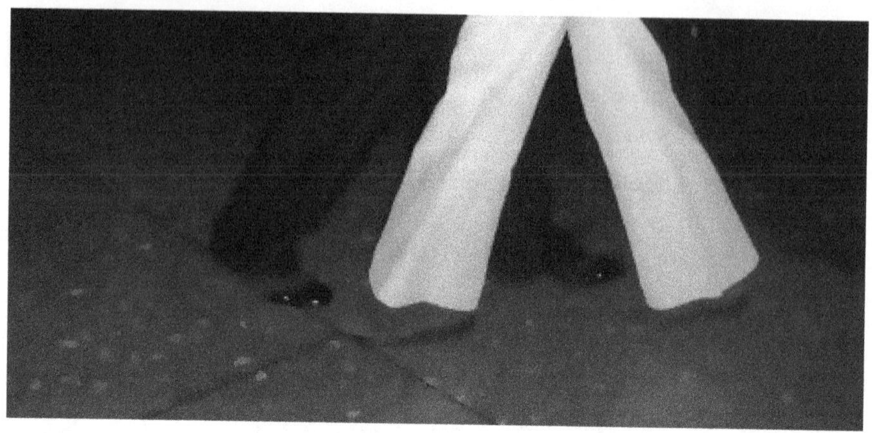

Cuando la oruga pensó que todo había terminado se convirtió en mariposa – Maktub – una mariposa tanguera, roja y negra, en medio de la noche fría y **tormentosa**.

"Maktub" quiere decir "estaba escrito" y quiere representar aquello que el hilo **sutil** del **destino** conecta con mi vida, conforme al Plan Divino, si éste existe. Esta palabra aparece en el libro "El Alquimista", de Paulo Coelho. Maktub **alude a** esas cosas que no controlamos y que nos empujan hacia una **senda** para el beneficio propio o para nuestro crecimiento personal.

El primer día me bajé del auto **cojeando** y asustada,

pero caminé hasta el local sin **muletas**.

Llevaba mis botas de **gamuza** marrón bastante **gastadas**. Habían **trajinado** tanto conmigo que confiaba en ellas plenamente para que me protegieran el pie de algún pisotón o torcedura, al tiempo que ya conocían mi paso y mis caminos.

—Amiga, ¿cómo te sientes? —exclamó contento Sebastián.

—Un poco asustada —respondí—. ¡Pero muy emocionada!

—¡Ya verás que te va a encantar! —Agregó llegando a la puerta del local—. ¡Adelante!

Apenas me adentré unos pocos pasos, un tango melódico y alegre, a diferencia de los que conocía, me dio la bienvenida.

Unos metros más adelante estaba el salón **techado**, sencillo y abierto, pero de piso pulido y grandes dimensiones, donde tanto los profesores como algunas parejas avanzadas practicaban un poco antes de iniciar la clase.

"Mi primera clase de tango", suspiré para mis

adentros, *"por fin..."*

Vocabulario:

tormentosa: stormy

sutil: subtle

destino: destiny, fate

alude (aludir a): allude to

senda: path

cojeando (cojear): limping

muletas: crutches

gamuza: suede

gastadas: worn-out

trajinado (trajinar): been on the move

techado: roofed

por fin: at last

Comprensión De La Lectura.

Escribe respuestas cortas para las siguientes preguntas:

1) ¿Qué significa Maktub?

____

2) ¿A qué alude la palabra Maktub?

____

3) ¿Por qué la mujer usaba sus gastadas botas de gamuza?

____

4) ¿Cómo era el salón de clases?

____

5) ¿Qué clases daban allí?

____

Respuestas:

1) "estaba escrito", 2) alude a esas cosas que no controlamos, 3) porque confiaba en ellas totalmente para proteger su pie de un pisotón o torcedura, 4) techado, sencillo y abierto, pero de piso pulido y grandes dimensiones, 5) clases de tango.

Taken From The Book *El Clan De Los Rubíes*, By Leslie Pérez.

When the caterpillar thought that it was all over, it became a butterfly - Maktub - a tanguera butterfly, red and black, in the middle of the cold and stormy night.

"Maktub" means "it was written" and wants to represent what the subtle thread of destiny connects with my life, according to the Divine Plan, if it exists. This word appears in the book "El Alquimista", by Paulo Coelho. Maktub alludes to those things that we do not control and that push us towards a path for our own benefit or for our personal growth.

The first day, I got off the car limping and scared, but

I walked to the place without crutches.

I was wearing my worn-out brown suede boots. They had been on the move with me so much that I trusted them fully to protect my foot from a stomp or sprain while they already knew my steps and paths.

—Friend, how do you feel? — said happily Sebastian.

—A little scared — I answered —. But very excited!

—You'll see that you'll love it! — said he, arriving at the door of the premises—. Go Ahead!

As soon as I entered a few steps, a melodic and cheerful tango, unlike the ones I knew, welcomed me.

A few meters ahead was the simple roofed open air room, with a polished floor and large dimensions, where both teachers and some advanced couples practiced a little before starting the class.

"My first tango class," I sighed to myself, *"at last..."*

47. Un Paseo Por La Colonia Tovar

Unas fresas con crema, un batido de melocotón **recién hecho**, unas salchichas alemanas con chucrut (repollo agrio), una rica cerveza o la deliciosa torta Selva Negra forman parte del **atractivo turístico** de la Colonia Tovar, pueblo fundado hace 176 años por **pobladores** alemanes en las montañas de las costas venezolanas.

Cuando se inauguró la carretera a Caracas en el año 1950, terminaron los años de **aislamiento** del pueblo y comenzó un nuevo período. La Colonia Tovar se transformó en un punto de atracción para muchas personas y turistas.

Muchas familias dedicaron su tiempo al negocio turístico. Pusieron de moda la **vestimenta** y la música alemana. Se construyeron hoteles y muchos construyeron allí sus **casas vacacionales**.

Un **arco** blanco con **tejado** rojo que recibe al visitante con las palabras "Bienvenido a la Colonia Tovar", **pintorescas** casas blancas con techos rojos, una bonita iglesia cuya arquitectura es única, campos verdes **sembrados** de hortalizas y frutas y **molinos** rodeados de flores esperan al turista para llenarlo de tranquilidad, **pureza** y belleza.

Vocabulario:

recién hecho: freshly made

atractivo: attraction

turístico: tourist

pobladores: settlers

aislamiento: isolation

vestimenta: costumes

casas vacacionales: weekend houses

arco: archway

tejado: roof

pintorescas: picturesque

sembrados: sowed

molinos: water mills

Comprensión De La Lectura.

Selecciona la respuesta correcta para cada pregunta:

1) ¿Qué comida típica sirven en la Colonia Tovar?

a. Parrilla

b. Espaguetis

c. Salchichas con repollo agrio

d. Hamburguesas y cervezas

2) ¿Quiénes fundaron la Colonia Tovar y dónde?

a. Pobladores venezolanos en montañas alemanas

b. Pobladores alemanes en montañas venezolanas

c. Pobladores alemanes en montañas alemanas

d. Pobladores venezolanos en montañas venezolanas

3) ¿Qué atractivos turísticos impulsaron a la Colonia Tovar?

a. Cosas típicas alemanas, hoteles y casas vacacionales

b. Cría de animales

c. Playas

d. Parques

4) La entrada a la Colonia Tovar está identificada con:

a. un portón

b. una casa blanca

c. una reja roja

d. un arco blanco

5) Uno de los siguientes elementos NO está presente en la Colonia Tovar:

a. techos rojos

b. campos de hortalizas

c. playas

d. molinos

214

A Walk Around Colonia Tovar

Strawberries and cream, a freshly made peach juice, some German sausages with sauerkraut (sour cabbage), a tasty beer or the delicious Black Forest cake are part of the tourist attractions of Colonia Tovar, village founded 176 years ago by German settlers in the mountains of the Venezuelan coasts.

When the road to Caracas was inaugurated in 1950, the years of the village's isolation came to an end and a new period started. Colonia Tovar became a point of attraction for many people and tourists.

Many families dedicate their time to the tourism business. They brought back German music and costumes. Hotels were built and many people built their weekend houses there.

A white archway with red roof that receives the visitors with the words "Welcome to Colonia Tovar", picturesque white houses with red roofs, a beautiful church whose architecture is unique, green fields sowed with vegetables and fruits, and water mills surrounded by flowers await the tourist to fill him/her with peace, purity and beauty.

48. Curiosidades Sobre Pablo Picasso

Según su **certificado de nacimiento** se llamaba Pablo Diego José Francisco de Paula Juan Nepomuceno Cipriano de la Santísima Trinidad Ruiz Picasso y según su **partida de bautismo**, ¡Pablo Diego José Francisco de Paula Juan Nepomuceno María de los Remedios Crispiniano de la Santísima Trinidad Ruiz y Picasso!

Creó el cubismo que rompe la **perspectiva**, elimina la profundidad, **suprime** los detalles y utiliza figuras **geométricas** para representar personas y objetos. Las obras **resultantes** son difíciles de comprender y necesitaron explicaciones consideradas tan importantes como la obra misma.

Guernica fue el trabajo más famoso de Picasso. Este gran **lienzo** fue pintado como una reacción al **devastador** bombardeo de los nazis en esa ciudad durante la Guerra Civil Española y representa la **inhumanidad** y la **desesperanza** de la guerra.

Hasta 1981 la pintura estuvo en el Museo de Arte Moderno de Nueva York, porque Picasso no la quería en España hasta que se restableciera la libertad y la democracia en su país.

Además de pintar, Picasso también escribió libros de **poemas**.

Vocabulario:

certificado de nacimiento: birth certificate

partida de bautismo: certificate of baptism

perspectiva: perspective

suprime (suprimir): suppress

geométricas: geometric

resultantes: resulting

lienzo: canvas

devastador: devastating

inhumanidad: inhumanity

desesperanza: hopelessness

poemas: poems

Comprensión De La Lectura.

Selecciona una o más respuestas para las siguientes proposiciones:

1) Pablo Picasso:

a. tenía muchas partidas de nacimiento

b. tenía muchos certificados de bautismo

c. tenía muchos nombres

2) El cubismo:

a. elimina la profundidad y los detalles

b. utiliza figuras geométricas

c. es fácil de entender

3) El trabajo más famoso de Picasso:

a. trata sobre la guerra

b. es el cubismo

c. se llama Guernica

4) Guernica estuvo en un museo de Nueva York:

a. hasta 1981

b. hasta que la libertad se restableció en España

b. hasta que murió Picasso

5) Picasso:

a. fue un gran soldado

b. escribió poemas

c. fue un gran pintor

Curiosities About Pablo Picasso

According to his birth certificate his name was Pablo Diego José Francisco de Paula Juan Nepomuceno Cipriano de la Santísima Trinidad Ruiz Picasso and according to his certificate of baptism, Pablo Diego José Francisco de Paula Juan Nepomuceno María de los Remedios Crispiniano de la Santísima Trinidad Ruiz y Picasso!

He created cubism that breaks perspective, eliminates depth, suppresses details and uses geometric figures to represent people and objects.

The resulting works are difficult to understand and needed explanations considered as important as the works themselves.

Picasso's most famous work was Guernica. This large canvas was painted as a reaction to the Nazi's devastating bombing of the town during the Spanish

Civil War and represents the inhumanity and hopelessness of war.

Until 1981 the painting was at the Museum of Modern Art in New York, because Picasso did not want it in Spain until liberty and democracy had been reestablished in his country.

In addition to painting, Picasso also wrote poetry books.

49. ¿Cuál Es El Animal Más Longevo Del Planeta?

Carmen: ¿Sabes cuál es el animal que puede vivir más años?

Marcos: Yo creo que una especie de ballena.

Carmen: Si, yo también pensaba, pero ayer leí un reportaje en la revista Science, que dice que el tiburón de Groenlandia puede vivir cerca de 400 años, ¡¿te imaginas?!

Marcos: ¡Más que la ballena que **supuestamente** vive 200 años! ¿Y cómo lo saben los científicos?

Carmen: Bueno, la revista dice que un equipo de **investigadores** liderado por un **biólogo** marino de la Universidad de Copenhague ha analizado a tiburones capturados **al azar** o por accidente en **redes de arrastre**. Los resultados demuestran que la **esperanza de vida media** es de, al menos, 272 años. Pero, además les calcularon la edad a los dos tiburones más grandes de 5 m cada uno, y adivina qué...?

Marcos: ¡Ni idea, dime!

Carmen: 335 y 392 años.

Marcos: ¡Wow! ¿Y no explican por qué tienen una vida tan larga?

Carmen: Los científicos creen que está relacionado con su metabolismo bajo, pero debe haber algo más ya que otras especies árticas no viven tanto tiempo.

Marcos: Me vas a **prestar** esa revista, por favor.

Carmen: Claro. **Eso sí**, me la regresas cuando termines de leerla.

Marcos: Por supuesto.

Vocabulario:

longevo, el más longevo: long-lived, the longest living

supuestamente: supposedly

investigadores: researchers

biólogo: biologist

al azar: randomly

red de arrastre: trawl nets

esperanza de vida media: average life expectancy

adivina: guess what?

prestar: lend

eso sí: mind you

Comprensión De La Lectura.

Escribe respuestas cortas para las siguientes preguntas:

1) ¿De quién es la revista?

____

2) ¿Qué animal es más longevo una especie de ballena

o el tiburón de Groenlandia?

____

3) ¿Cómo lo saben los científicos?

____

____

4) ¿Cuántos años tienen los tibures más grandes que analizaron?

____

5) ¿Con qué cosa estaría relacionada su vida tan larga?

____

Which Is The Longest Living Animal On Earth?

Carmen: Do you know which animal can live longer?

Marcos: I think a species of whale.

Carmen: Yes, I thought that, but yesterday I read a report in the magazine Science, that says the Greenland shark can live close to 400 years, can you imagine?!

Marcos: More than the whale that supposedly lives 200 years! And how do scientists know that?

Carmen: Well, the magazine says that a team of researchers led by a marine biologist at the University of Copenhagen has analyzed sharks caught randomly or by accident in trawl nets. The results show that the average life expectancy is at least 272 years. But, in addition, they calculated the age of the two biggest sharks of 5 m each, and guess what?

Marcos: I've got no idea, you tell me!

Carmen: 335 and 392 years.

Marcos: Wow, and don't they explain why they have such a long life?

Carmen: Scientists believe that it is related to their low metabolism, but there must be something else since other Arctic species do not live that long.

Marcos: You're going to lend me that magazine, please.

Carmen: Sure. Mind you, please return it to me when you finish reading it.

Marcos: Of course.

50. El Primer Antibiótico

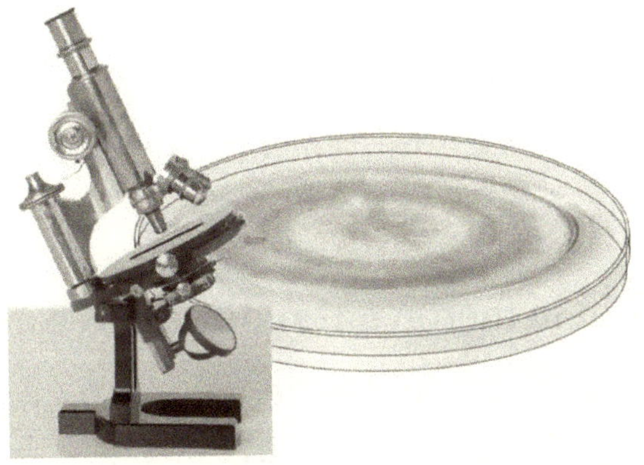

El doctor Alexander Fleming estaba estudiando bacterias en su laboratorio en Londres. Un día notó que un **hongo** había crecido accidentalmente en algunas **placas** con **cultivos** de bacterias y las bacterias estaban muriendo. El doctor Fleming había descubierto la penicilina. Esto ocurrió en 1928.

Fleming preparó un medicamento con el moho y se lo dio a una persona que tenía las mismas bacterias en su cuerpo y se **curó**. Él nombró al hongo Penicillium. Sin embargo, fueron el médico australiano Howard Walter Florey y el bioquímico alemán Ernst Boris Chain quienes iniciaron una investigación **detallada** y promovieron la **fabricación** y el **empleo** médico de la penicilina.

El nuevo medicamento fue enviado rápidamente a los hospitales y **frentes de batalla** para tratar las infecciones. En 1945 más de 20 empresas químicas estaban fabricando miles de millones de unidades de penicilina al mes.

Fleming, Florey y Chain fueron **galardonados** con el Premio Nobel de Fisiología o Medicina en 1945. Al **aceptar** el **premio**, Fleming comentó: "A veces se encuentra lo que uno no está buscando". Su **descubrimiento** ha ayudado a millones de personas en el mundo.

Vocabulario:

hongo: mold, fungus

placas: bottles, plaques

cultivos: cultures

curó (curarse): cure, get well

detallada: detailed

fabricación: manufacture

empleo (uso): use

frentes de batalla: front lines

galardonados (galardonar): awarded

aceptar: accept

premio: prize

descubrimiento: discovery

Comprensión De La Lectura.

Sustituye las palabras subrayadas en cada oración por una palabra de la lista de vocabulario:

Ejemplo:

Al <u>recibir voluntariamente</u> el Premio Nobel, Fleming comentó: "A veces se encuentra lo que uno no está buscando".

Al <u>aceptar</u> el Premio Nobel, Fleming comentó: "A veces se encuentra lo que uno no está buscando".

1) En 1945 Fleming recibió un <u>reconocimiento que se da a una persona por la excelencia en sus trabajos.</u>

2) La penicilina fue un gran <u>encuentro de algo nuevo o</u>

<u>desconocido</u> para la salud en el mundo.

3) Fleming notó que un <u>microorganismo que crece en ambientes húmedos y oscuros</u> había crecido en algunas placas con cultivos bacterianos.

4) Fleming, Florey y Chain participaron en la <u>elaboración en serie por métodos industriales</u> de la penicilina.

5) El nuevo medicamento fue enviado a <u>líneas donde luchan 2 ó más ejércitos.</u>

The First Antibiotic.

Doctor Alexander Fleming was studying bacteria in his laboratory in London. One day he noticed that a mold had grown by accident in some bottles with bacterial cultures and the bacteria were dying. Doctor Fleming had discovered penicillin. This occurred in 1928.

Fleming prepared some medicine with the mold, and he gave it to someone who had the same bacteria in her body, and it made her well. He named the mold Penicillium. However, it was the Australian physician Howard Walter Florey and the German biochemist Ernst Boris Chain who initiated a detailed investigation and promoted the manufacture and medical use of penicillin.

The new medication was quickly sent to hospitals and front lines to treat infections. In 1945 more than 20 chemical companies were manufacturing billions of penicillin units per month.

The Nobel Prize in Physiology or Medicine 1945 was awarded to Fleming, Florey and Chain. In accepting the award, Fleming commented: "Sometimes you find what you are not looking for." His discovery has helped millions of people in the world.

51. Los Famosos Inventos De Oskar Troplowitz

Oskar Troplowitz fue un farmaceuta alemán inventor de la cinta adhesiva. **Sin embargo**, la famosa crema Nívea y las primeras **curitas** para las **cortadas** fueron los mayores **inventos** de Troplowitz.

El nombre "Nívea" deriva de la palabra latina que significa "blanco como la nieve".

Oskar Troplowitz fue un buen **empresario**. También cuidaba a sus **empleados**.

Vocabulario:

sin embargo: however

curitas: band-aids, plasters

cortadas: cuts

inventos: inventions

empresario: entrepreneur, businessman

empleados: employees

Comprensión De La Lectura.

A. Selecciona la(s) respuesta(s) correctas. Cada ítem puede tener más de una respuesta:

1) Oskar Troplowitz fue:

a. un empresario

b. un farmaceuta

c. un científico

d. un empleado

2) El inventó:

a. la nieve

b. las primeras curitas

c. la cinta adhesiva

d. la crema Nívea

3) Oskar era:

a. desconsiderado

b. mala persona

c. buen empresario

d. blanco como la nieve

B. Traza una línea entre la columna de la derecha y la columna de la izquierda para unir palabras que guarden relación:

1) alemán	curitas
2) crema	empresario
3) cortada	Nívea
4) empleado	Oskar Troplowitz
5) cinta adhesiva	invento

The Famous Inventions Of Oskar Troplowitz

Oskar Troplowitz was a German pharmacist, inventor of the adhesive tape. However, the famous Nivea cream and the first band-aids for minor cuts were the greatest inventions of Troplowitz.

The name "Nivea" derives from the Latin word meaning "snow-white".

Oskar Troplowitz was a good entrepreneur. He also cared for his employees.

52. ¡Qué Instrumentos!

Un poco más de mil trescientos instrumentos especialísimos llevan el nombre de alguien, **acabados** finísimos y la **etiqueta** con el año y el lugar donde fueron construidos: los Stradivarius.

Solo unos 650 instrumentos originales sobreviven todavía.

Antonio Stradivari, **extraordinario** lutier italiano que vivió en el siglo 17, los elaboró con un tipo de madera igualmente extraordinaria. La **forma latina** de su apellido, Stradivarius, se utiliza para referirse a sus instrumentos.

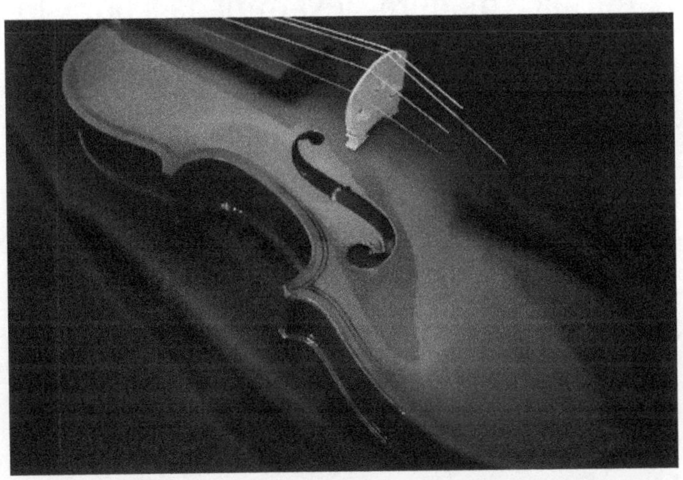

Los violines son los más populares y numerosos, alrededor de 1200. Uno puede **llegar a** costar varios millones de dólares o euros.

Stradivari también hizo violas, violonchelos, contrabajos, mandolinas, guitarras y hasta un arpa.

Muchas teorías han intentado explicar la calidad del instrumento y del sonido. La investigación mejor **fundamentada** la realizó un bioquímico de la Universidad de Texas A&M, que aseguró que entre 1700 y 1720 cuando se construyeron estos instrumentos, una **plaga** de insectos afectó la zona y Stradivari utilizó un mineral llamado bórax como insecticida para **preservar** sus instrumentos. Esto, junto con una **amplia gama** de productos químicos encontrados en la madera examinada por los científicos, daría como resultado la excelencia del sonido del violín.

Vocabulario:

acabados: finishes, finishing touches

etiqueta: label

extraordinario: remarkable

forma latina: Latinized form

llegar a (costar, saber, etc.): get to (cost, know, etc.)

fundamentada: well-founded

plaga: pest

preservar: preserve

amplia gama: wide range

daría como resultado: would result in

Comprensión De La Lectura.

A. Escribe V de Verdadero o F de Falso después de cada oración:

1) Los Stradivarius son instrumentos musicales ordinarios. _______

2) Antonio Stradivari los realizó en el siglo 17. _______

3) Los violonchelos son los más numerosos. _______

4) Una sola teoría explica la calidad del instrumento y del sonido. _______

5) La madera examinada por los científicos tenía varios minerales. _______

B. Traza líneas entre la columna de la derecha y la columna de la izquierda para unir palabras que guarden relación:

apellido   violonchelo

forma latina   insecticida

instrumento   calidad del sonido

investigación   Stradivari

bórax   Universidad de Texas

excelente   Stradivarius

Respuestas:

A. 1) f, 2) v, 3) f, 4) f, 5) v.

B. 1) Stradivari, 2) Stradivarius, 3) violonchelo, 4) Universidad de Texas, 5) insecticida, 6) calidad del sonido.

What Instruments!

A bit more than one thousand three hundred very special instruments are named after someone, have very fine finishes and are labeled with the year and place where they were built: the Stradivarius.

Only about 650 original instruments still survive.

Antonio Stradivari, an extraordinary Italian luthier who lived in the 17th century, elaborated them with an equally extraordinary type of wood. The Latinized form of his surname, Stradivarius, is used to refer to his instruments.

The violins are the most popular and numerous, around 1200. Only one can get to cost several million dollars or euros.

Stradivari also made violas, cellos, double basses, mandolins, guitars, and even a harp.

Many theories have tried to explain the quality of the instrument and the sound. The most well-founded research was carried out by a biochemist at Texas A&M University, who said that between 1700 and 1720 when these instruments were made, an insect pest affected the area and Stradivari used a mineral called borax as insecticide to preserve its instruments. This together with a wide range of chemicals found in the wood examined by the scientists would result in the excellence of the violin's sound.

53. Los 13 Goles De Just Fontaine En 1958

Los trece **goles** de Just Fontaine en una sola edición de un **Mundial de Fútbol** son difíciles de **superar**. Sucedió en el Mundial Suecia 58. Un hecho **curioso** es que fue el primer y único Mundial en el que participó Fontaine. Francia **quedó** en tercer lugar en ese campeonato. Además lo hizo con un par de zapatos **prestados**. Después de **desgastar** sus propios zapatos, Stephane Bruey acudió en ayuda de Fontaine y le prestó los suyos.

Lamentablemente, Fontaine se fracturó una pierna en 1960. Debido a esto, el futbolista francés nacido en Marruecos se vio obligado a poner fin a su carrera en 1962, con tan solo 28 años, y nunca pudo repetir su **hazaña**.

Muchos años después en Brasil 2014, recibió la Bota de Oro en **reconocimiento** a su increíble **actuación** en 1958.

Aunque hasta ahora ningún jugador ha **superado** esa cifra de goles en una sola edición de la máxima competencia del fútbol mundial, el alemán Gerd

Müller con 10 goles en México 70 y el brasileño Ronaldo con 8 en Corea-Japón 2002 **estuvieron cerca** de lograrlo.

Vocabulario:

goles: goals

Mundial de Fútbol: World Cup

superar: surpass

curioso: curious

quedó (quedar): was ranked

prestados: borrowed

desgastar: wearing out

hazaña: feat

reconocimiento: recognition

actuación: performance

superado: exceeded

estuvieron (estar) cerca: were close

Comprensión De La Lectura.

Selecciona la(s) respuesta(s) correctas. Cada ítem puede tener más de una respuesta:

1) ¿Cuál es el récord de goles en un Mundial de Fútbol?

a. 13

b. 15

c. 8

d. 10

2) ¿De quién es ese récord?

a. Ronaldo

b. Gerd Müller

c. Stephane Bruey

d. Just Fontaine

3) ¿Qué hechos curiosos acompañaron a Fontaine en el Mundial Suecia 58?

a. Le prestaron los zapatos

b. Fue el primer y único Mundial en el que participó

c. Se fracturó una pierna

d. Recibió la Bota de Oro

4) ¿Por qué Fontaine se vio forzado a terminar su carrera?

a. No le pagaron

b. No quiso seguir

c. Se fracturó una pierna

d. Por motivos económicos

5) ¿Quién ha estado más cerca de alcanzar a Fontaine?

a. Ronaldo

b. Gerd Müller

c. Stephane Bruey

d. Ninguno de los anteriores

Just Fontaine's 13 Goals In 1958

Just Fontaine's record of 13 goals in a single World Cup is difficult to surpass. It happened in the 1958 World Cup in Sweden. A curious fact is that Sweden 1958 was Fontaine's first, and only, World Cup. France was ranked third in that championship. Besides, he did it with a pair of borrowed boots. After wearing out his own footwear, Stephane Bruey came to Fontaine's aid, lending him his.

Unfortunately, Fontaine broke a leg in 1960. As a consequence, the French footballer born in Morocco, was forced to end his career in 1962 at the age of 28, and could never repeat his feat.

Many years later in Brazil 2014, he received the Golden Boot in recognition of his incredible performance in 1958.

Although so far no player has exceeded that number of

goals in a single edition of the greatest competition in world football, the German Gerd Müller with 10 goals in Mexico 70 and the Brazilian Ronaldo with eight in Korea-Japan 2002 were close to achieving it.

54. El Fondo Marino

En el **fondo** del océano existen **llanuras** abisales, volcanes y cañones **submarinos**, montañas submarinas y **cordilleras** extraordinarias.

Incluso la **cadena montañosa** más larga del mundo se **extiende** a lo largo de 65.000 km sobre el fondo del océano. Esto es más de once **veces** la **longitud** de la cordillera más larga sobre la **tierra**: los Andes.

¡Cuántas rocas **formidables**, **grutas** gigantescas y **confines** del océano donde la vida ya no es posible y el silencio es **enorme**, puedes encontrar!

Cangrejos, langostas, langostinos, anémonas de mar, esponjas y corales de agua fría **conviven** en esa maravillosa geografía submarina.

Vocabulario:

fondo marino: seabed, sea floor, ocean floor

llanuras: plains

submarinos: submarine

cordilleras, cadena montañosa: mountain range

extiende (extender): stretch

veces: times

longitud: length

tierra: land

formidables: fantastic

grutas: grottoes, caves

confines: edges

enorme: huge

conviven (convivir): live together

Comprensión De La Lectura.

Sustituye las palabras subrayadas en cada oración por una palabra de la lista de vocabulario:

Ejemplo:

En el fondo del mar hay <u>cuevas formadas en las rocas.</u>

En el fondo del mar hay <u>grutas.</u>

1) La cadena montañosa más larga del mundo está en la <u>tierra que se encuentra en el fondo del océano.</u>

2) Los Andes es una <u>serie de montañas unidas.</u>

3) En el fondo del océano el silencio es <u>muy grande.</u>

4) Muchos animales viven en ese fantástico mundo <u>que está bajo la superficie del mar.</u>

5) La cordillera más larga del mundo tiene una <u>extensión en línea recta</u> de 65.000 km.

The Seabed

Abyssal plains, underwater volcanoes and canyons, seamounts, and remarkable mountain ranges exist on the floor of the ocean.

Even the world's longest mountain range stretches 65,000 km along the ocean floor. This is more than eleven times the length of the longest mountain range on land: the Andes.

How many fantastic rocks, gigantic grottoes, and edges of the ocean where life is no longer possible and the silence is huge you can find!

Crabs, lobsters, prawns, sea anemones, sponges and cold-water corals live together in that wonderful submarine geography.

55. ¿Cuál Ha Sido El Peor Desastre Industrial De La Historia?

El 3 de diciembre de 1984 una nube tóxica invadió la ciudad de Bhopal en el centro de India. Una **fuga** de 42 **toneladas** del gas isocianato de metilo de la fábrica de pesticidas Union Carbide mató de forma inmediata a más de 5.000 personas.

La nube **letal** acabó con la vida de unas 25.000 personas y afectó la **salud** de medio millón de personas en los años **sucesivos**.

La fábrica está **abandonada** pero varias toneladas de **residuos** tóxicos existen todavía en su interior.

Más de tres **décadas** después, los **sobrevivientes** del **desastre** continúan **lidiando** con un medio ambiente contaminado y varios problemas de salud, incluyendo problemas respiratorios, cáncer y **malformaciones congénitas**.

Vocabulario:

fuga: leak

toneladas: tons

letal: lethal

salud: health

sucesivos: successive

abandonada: abandoned

residuos: waste

décadas: decades

sobrevivientes: survivors

desastre: disaster

lidiando (lidiar): dealing with

malformaciones congénitas: birth defects

Comprensión De La Lectura.

Selecciona una o más respuestas para las siguientes preguntas:

1)	¿Qué ocurrió el 3 de diciembre de 1984?

a.	Murieron 25.000 personas

b.	Las personas nacieron con malformaciones

congénitas

c.   Una nube tóxica invadió la ciudad de Bhopal

d.   Una fuga de gas tóxico mató a más de 5.000 personas

2)   ¿Dónde hubo el problema?

a.   En una fábrica de residuos

b.   En una fábrica de isocianato de metilo

c.   En una fábrica de pesticidas

d.   En una fábrica de plástico

3)   Medio millón de personas perdieron su salud:

a.   el mismo día

b.   el 3 de diciembre de 1984

c.   en años sucesivos

d.   tres décadas después

4)   ¿Qué pasó con la fábrica?

a.   Fue destruida

b.   Está abandonada

c.   Fue vendida

d.	Está activa

5) En el presente, los sobrevivientes del desastre lidian con problemas:

a. de salud

b. ambientales

c. económicos

d. culturales

Which Has Been The Worst Industrial Accident In History?

On December 3, 1984 a toxic cloud spread in the city of Bhopal in central India. A leak of 42 tons of the gas methyl isocyanate from Union Carbide pesticide factory killed more than 5,000 people outright. The lethal cloud ended the lives of some 25,000 people and affected the health of half a million people in successive years.

The factory is abandoned but several tons of toxic waste are still inside.

More than three decades later, the survivors of the disaster continue dealing with a contaminated environment and various health problems, including respiratory problems, cancer and birth defects.

56. Alexander Von Humboldt

Uno de los más grandes geógrafos y naturalistas de la historia. Se le considera el primer explorador científico de la era moderna. En sus **incontables periplos** visita España, Asia y América. Su viaje a América es uno de los más **célebres** y extensos. Atraviesa Los Andes y descubre el sistema del río Amazonas.

A su regreso a Europa presenta su **obra** *Cuadros de la Naturaleza* (1808). Entre 1810 y 1834 publica su monumental *Viajes a las regiones equinocciales del Nuevo Continente,* de 30 volúmenes sobre diversos temas de la expedición: aspectos del **paisaje**, distribución de las **especies** vegetales, discusiones históricas sobre los **descubrimientos**, **crónicas** de los viajes, etc. Humboldt también introduce el guano (tipo de estiércol) del Perú en Europa y formula leyes sobre la temperatura, "las tormentas magnéticas" y los volcanes americanos.

El honor concedido a Humboldt durante su vida continuó después de su muerte.

Muchos edificios importantes, especies y lugares geográficos llevan el nombre de Humboldt, por ejemplo, el Pico Humboldt, el segundo pico más alto de Venezuela a 4.940 m sobre el nivel del mar, ubicado en los andes venezolanos.

Vocabulario:

incontables: countless

periplos, viajes: journeys

célebres: famous

obra: work

paisaje: landscape

especies: species

descubrimientos: discoveries

crónicas: chronicles

leyes: laws

Comprensión De La Lectura.

Escribe respuestas cortas para las siguientes preguntas:

1) ¿Quién fue Alexander von Humboldt?

____

2) ¿Qué lugares visitó en sus viajes?

____

3) ¿Por qué decimos que su viaje a América fue uno de los más importantes?

____

____

4) Nombra una de sus publicaciones más importantes

5) Escribe V de Verdadero o F de Falso después de cada oración:

a. La obra escrita de Humboldt es corta.______

b. Humboldt formuló leyes sobre el magnetismo y la temperatura. ______

c. Grandes obras de arquitectura llevan su nombre. ______

d. Sus libros describen paisajes y plantas entre otros. ______

e. Humboldt descubrió el sistema del río Orinoco. ______

Respuestas:

1) Un gran geógrafo, naturalista, escritor, explorador.

2) España, Asia y América.

3) Porque descubrió el río Amazonas, exploró Los Andes, descubrió especies vegetales, trajo el guano a Europa, etc.

4) *Cuadros de la Naturaleza* o *Viajes a las regiones equinocciales del Nuevo Continente.*

5)

a. f   b. v   c. v   d. v   e. f

Alexander Von Humboldt

One of the greatest geographers and naturalists in history. He is considered the first scientific explorer of the modern era. In his countless journeys he visits Spain, Asia and America. His trip to America is one of the most famous and extensive. He crosses the Andes and discovers the Amazon River system.

Upon his return to Europe he presents his work Views of Nature (1808). Between 1810 and 1834 he published his monumental 30-volume *Travels to the Equinoctial Regions of the New Continent* on various issues of the expedition: aspects of the landscape, distribution of plant species, historical discussions about discoveries, chronicles of travel, etc. Humboldt also introduces the guano (kind of manure) of Peru in Europe and formulates temperature laws, laws of "magnetic storms" and laws about American volcanoes.

The honor conceded to Humboldt during life continued after his death. Many important buildings, species and geographical features are named after Humboldt, for example, Pico Humboldt, Venezuela's second highest peak at 4,940 meters above sea level, located in the Venezuelan Andes.

Conclusion

Throughout this book, we shared a variety of readings organized and designed to achieve the proposed learning objectives.

The fire test of your learning will be related to what you would be able to do with the ideas and insights produced from what you have read.

It's really worth devoting more time to reading.

We hope you have not only enjoyed reading but also found this selection of stories, dialogues and readings useful to increase your knowledge and achieve the goal of improving your comprehension and communication skills.

Disclaimer

The information contained in **"Spanish Short Stories For Beginners"** and its components, is meant to serve as a comprehensive collection of strategies that the author of this book has done research about. Summaries, strategies, tips and tricks are only recommendations by the author, and reading this book will not guarantee that one's results will exactly mirror the author's results.

The author of this book has made all reasonable efforts to provide current and accurate information for the readers of this book. The author and its associates will not be held liable for any unintentional errors or omissions that may be found.

The material in the book may include information by third parties. Third party materials comprise of opinions expressed by their owners. As such, the author of this book does not assume responsibility or liability for any third party material or opinions.

The publication of third party material does not constitute the author's guarantee of any information, products, services, or opinions contained within third party material. Use of third party material does not guarantee that your results will mirror our results. Publication of such third party material is simply a recommendation and expression of the author's own opinion of that material.

Whether because of the progression of the Internet, or the unfore seen change sin company policy and editorial submission guidelines, what isstated as fact at the time of this writing may become out dated or inapplicable later.

This book is copyright ©2019 by **Felipe Moya & Leslie Pérez** with all rights reserved. It is illegal to redistribute, copy, or create derivative works from thisbook whole or in parts. No parts of this report may be reproduced or retransmitted in any forms whatsoever without the written expressed and signed permission from the author.

Printed in the USA
CPSIA information can be obtained
at www.ICGtesting.com
CBHW021718020124
3086CB00044B/164